HOMO CREATOR
PENSANDO UM MUNDO EMERGENTE — UMA HISTÓRIA

Editora Appris Ltda.
1.ª Edição - Copyright© 2023 do autor
Direitos de Edição Reservados à Editora Appris Ltda.

Nenhuma parte desta obra poderá ser utilizada indevidamente, sem estar de acordo com a Lei nº 9.610/98. Se incorreções forem encontradas, serão de exclusiva responsabilidade de seus organizadores. Foi realizado o Depósito Legal na Fundação Biblioteca Nacional, de acordo com as Leis nos 10.994, de 14/12/2004, e 12.192, de 14/01/2010.

Catalogação na Fonte
Elaborado por: Josefina A. S. Guedes
Bibliotecária CRB 9/870

T154h 2023	Tambasco, J. C. Vargens Homo creator : pensando um mundo emergente — uma história / J. C. Vargens Tambasco. – 1 ed. – Curitiba : Appris, 2023. 190 p. ; 23 cm. – (Ciências sociais. Seção história). Inclui referencias. ISBN 978-65-250-5303-5 1. História. 2. Pré-história. 3. Humanidade. 4. O Sagrado. 5. Consciência. 6. Pensamento. 7. Religião. I. Título. II. Série. CDD – 909

Livro de acordo com a normalização técnica da ABNT

Appris
editora

Editora e Livraria Appris Ltda.
Av. Manoel Ribas, 2265 – Mercês
Curitiba/PR – CEP: 80810-002
Tel. (41) 3156 - 4731
www.editoraappris.com.br

Printed in Brazil
Impresso no Brasil

J. C. Vargens Tambasco

HOMO CREATOR
PENSANDO UM MUNDO EMERGENTE — UMA HISTÓRIA

FICHA TÉCNICA

EDITORIAL	Augusto Coelho
	Sara C. de Andrade Coelho
COMITÊ EDITORIAL	Marli Caetano
	Andréa Barbosa Gouveia - UFPR
	Edmeire C. Pereira - UFPR
	Iraneide da Silva - UFC
	Jacques de Lima Ferreira - UP
SUPERVISOR DA PRODUÇÃO	Renata Cristina Lopes Miccelli
ASSESSORIA EDITORIAL	William Rodrigues
REVISÃO	Katine Walmrath
PRODUÇÃO EDITORIAL	William Rodrigues
DIAGRAMAÇÃO	Andrezza Libel
CAPA	Eneo Lage
REVISÃO DE PROVA	William Rodrigues

COMITÊ CIENTÍFICO DA COLEÇÃO CIÊNCIAS SOCIAIS

DIREÇÃO CIENTÍFICA Fabiano Santos (UERJ-IESP)

CONSULTORES

Alícia Ferreira Gonçalves (UFPB)
Artur Perrusi (UFPB)
Carlos Xavier de Azevedo Netto (UFPB)
Charles Pessanha (UFRJ)
Flávio Munhoz Sofiati (UFG)
Elisandro Pires Frigo (UFPR-Palotina)
Gabriel Augusto Miranda Setti (UnB)
Helcimara de Souza Telles (UFMG)
Iraneide Soares da Silva (UFC-UFPI)
João Feres Junior (Uerj)

Jordão Horta Nunes (UFG)
José Henrique Artigas de Godoy (UFPB)
Josilene Pinheiro Mariz (UFCG)
Leticia Andrade (UEMS)
Luiz Gonzaga Teixeira (USP)
Marcelo Almeida Peloggio (UFC)
Maurício Novaes Souza (IF Sudeste-MG)
Michelle Sato Frigo (UFPR-Palotina)
Revalino Freitas (UFG)
Simone Wolff (UEL)

PREFÁCIO

Somos o que somos ou o que queremos ser?

A tentativa de entender o que "nós somos" se manifesta no comportamento humano, desde a Antiguidade. Em culturas diversas, a relação entre os homens — enquanto espécie — e o sagrado serviu para justificar a sua preponderância sobre outros animais. Portanto, dentro da retórica "humana", somos superiores aos demais seres vivos pela capacidade de raciocinarmos, de criarmos teorias e ideias, mas, sobretudo, por termos edificado meios de exprimir esses pensamentos de forma material e alegórica. Embora outros animais, com ênfase aos primatas, também saibam criar ferramentas rudimentares, nada se compara à humanidade. Aqui nos cabe uma referência a Xenófanes (*Frag.* 15) ao afirmar que se os cavalos, os bois ou os leões tivessem mãos e soubessem trabalhar como os homens e representar a existência como estes, é provável que desenhariam os seus deuses como cavalos, bois e leões. Então, será que nada se compara à humanidade, ou esta se representa de forma incomparável? Será que, de fato, somos tão "superiores" aos demais seres vivos, ou promovemos um discurso e uma representação de que somos? Ou melhor, o que levou os seres humanos a se desenvolverem de forma singular, ao ponto de se considerarem o "ápice" da evolução no planeta?

Retomando os argumentos da tradição literária, não seria equivocado mobilizarmos Hesíodo (*Teogonia*, vv. 565-569) e a relação de Prometeu com a humanidade. Para o poeta, foi graças a esse deus — filho de Iapeto e Clímene/Ásia — que os seres humanos tiveram o contato com o fogo, antes uma exclusividade dos imortais (*athánathoi*). Hesíodo nos leva a problematizar a relação dos seres humanos com o sagrado, mas, principalmente, dos seres humanos com o seu desenvolvimento, na condição de espécie. Na perspectiva de Celso Candido Azambuja (2013, p. 19-20), esse deus seria o grande benfeitor da humanidade, responsável por entregar-lhe o fogo, sendo este o "[...] símbolo de todas as artes e técnicas de que os seres humanos [...] eram desprovidos". Nas palavras de Junito Brandão (2000, p. 329), o fogo de Prometeu serviu para reanimar os humanos, fazendo com que pensassem por si próprios, mas também que lutassem pela sua sobrevivência. Dialogando Brandão e Azambuja, Prometeu — na condição de divindade — fez com que os seres humanos passassem a "pensar" a sua própria existência, sendo essa atividade responsável por levar o homem a tomar consciência dos sofrimentos da vida terrena.

Ainda assim, a relação entre Prometeu — "aquele que pensa de forma antecipada", sinônimo de precaução —, o fogo e os seres humanos nos intriga, pois estudos antropológicos apontam que o gênero *Homo*, do qual os seres humanos fazem parte, teria ampliado a sua massa cerebral a partir da ingestão de alimentos cozidos (AIELLO; WHEELER, 1995; SANDGATHE, 2017). Logo, é interessante notar que a tradição helênica apresentava traços, ainda que alegóricos, para assinalar a "transformação" dos seres humanos para a condição de "pensantes", em função do controle e do domínio do fogo. É curioso verificarmos que o ato de pensar, na literatura sagrada, pode ser compreendido como um aspecto da centelha divina que os seres humanos carregam, ou do conhecimento divino a que tiveram acesso.

De todo modo, o desenvolvimento dos seres humanos levou ao aprimoramento de sua percepção de mundo, culminando em formas "complexas" de organização social e de teorização da existência. Nesse caso, Aristóteles (*Política*, I, 1253a 1-15) aponta que os seres humanos são animais políticos que se diferenciam dos outros animais pela capacidade da fala, bem como pela capacidade de distinguir o bem do mal, o certo do errado, além de outras características morais, o que lhes permitiu se organizar em cidades (*póleis*). Mediante o exposto, e adotando uma premissa de linearidade cronológica, o que se inicia em Hesíodo culminaria em Aristóteles, ou seja, os seres humanos iniciaram a sua trajetória "racional" pelo domínio do fogo, entregue por Prometeu, e que lhes deu meios para desenvolver técnicas e conhecimentos para alterar a natureza, cujo resultado seria a vida em comunidades, politicamente organizadas.

Entretanto, convém pontuar que as nossas colocações se inserem em uma premissa historiográfica, cujo enfoque se sustenta na análise crítica da documentação literária de que dispomos. Ainda assim, como relembra Norberto Luiz Guarinello (2003, p. 43), mesmo utilizando indícios do passado em suas pesquisas, os historiadores não são capazes de acessar o próprio passado, mas "pontos de luz" desordenados, irregulares e caóticos em meio à "escuridão", sendo responsáveis por influenciarem a nossa visão do que passou. Nesse sentido, o passado é algo que se esvaiu completamente e está fora de alcance, mas, diante dos vestígios que sobreviveram, os pesquisadores precisam criar inúmeras e múltiplas mediações para conseguir representar o que passou de modo indireto. Em suma, a História produzida pelos historiadores é uma produção das sociedades modernas que integra uma parte da memória coletiva, ou como diz Guarinello (2003, p. 43-44), "uma parte da produção social da memória, e muito particular".

Diante do posicionamento de Guarinello, destacamos a relevância da obra de José Carlos Vargens Tambasco, *Homo creator*, cujo prefácio tivemos o privilégio de escrever. É importante destacar que a propriedade do posicionamento de Tambasco reside em sua formação, porém, em virtude das limitações documentais, a sua análise recai no pensamento, ou melhor, em como os seres humanos se tornaram animais pensantes e, portanto, criadores de sua existência. Em sua abordagem, encontramos muito de Edward Tylor e James George Frazer, de Mircea Eliade e Joseph Campbell, assim como traços de Sigmund Freud e Carl Gustav Jung, para discutir questões que, aparentemente, intrigam os seres humanos, até os dias de hoje. Daí a sugestão para as pessoas interessadas em *Homo creator*: leiam e se deleitem; aproveitem a experiência de Tambasco e tentem (re)pensar o que somos, enquanto parte da humanidade.

Vassouras, 6 de fevereiro de 2023.

Luis Filipe Bantim de Assumpção
Coordenador local de Doutorado em História, na Universidade de Vassouras
Professor adjunto I dos cursos de Pedagogia e Direito, na Universidade de Vassouras
Líder do Grupo de Pesquisa Integrada em História, Patrimônio Cultural e Educação
Doutor em História Comparada (UFRJ)
Mestre em História Política (Uerj)
Especialista em Gestão Escolar Integradora (Faculdade Ibra)
Licenciado em História (Faculdade Simonsen)
Licenciado em Pedagogia (Faculdade Ibra)

Referências documentais

ARISTOTLE. *Politics*. Trans.: H. Rackham. Cambridge: Harvard University Press, 1944.

HESIOD. *Theogony*. Trans.: H. G. Evelyn-White. Cambridge: Harvard University Press, 1914.

XENOPHANES of Colophon. *Fragments*. Trans.: J. H. Lesher. Toronto; Buffalo; London: University of Toronto Press, 1992.

Referências bibliográficas

AIELLO, L. C.; WHEELER, P. The expensive-tissue hypothesis: the brain and the digestive system in human and primate evolution. *Current Anthropology*, v. 36, n. 2, apr.1995.

AZAMBUJA, C. C. Prometeu: a sabedoria pelo trabalho e pela dor. *Archai*, n. 10, p. 19-28, jan./jul. 2013.

BRANDÃO, J. de S. *Dicionário mítico-etimológico da mitologia grega*. Vol. II. Petrópolis: Vozes, 2000.

GUARINELLO, N. L. Uma morfologia da História: as formas da História Antiga. *Politeia*: Hist. e Soc., Vitória da Conquista, v. 3, n. 1, p. 41-61, 2003.

SANDGATHE, D. M. Identifying and describing pattern and process in the Evolution of hominin use of fire. *Current Anthropology*, v. 58, n. S16, aug. 2017.

SUMÁRIO

INTRODUÇÃO 11

TÍTULO I
A PRÉ-HISTÓRIA E O MEIO AMBIENTE 19
I-1 – Conceitos de hominídeos e de Pré-História 20
I-2 – Conceito de tempo geológico 24
I-3 – O clima e a glaciação 28

TÍTULO II
O EGO E A CONSTRUÇÃO DA CONSCIÊNCIA 33
II-1 – O pensar: ainda o mito de Adão e Eva 36
II-2 – As imagens primordiais 40
II-2-1 – Os jogos do "faz de conta que..."! 43
II-2-2 – Pensamento mágico, pensamento mítico e religião 45

TÍTULO III
O PENSAMENTO MÁGICO. AS POLICROMIAS PALEOLÍTICAS: UMA SEMIÓTICA PRIMEVA? 49
III-1 – Os registros rupestres: aparecimento e evolução 49
III-1-1 – As imagens de um ser humano 58
III-2 – O pensamento mágico 58
III-3 – A arte paleolítica: ritualística da magia primeva? 63
III-4 – Uma evolução plausível 71

TÍTULO IV
O PENSAMENTO ABSTRATO: OS MITOS, OS TÓTENS E OS SÍMBOLOS 73
IV-1-1 – Sentindo um "mundo mágico" 77
IV-1-2 – A arte paleolítica como ritual da magia 79
IV-2 – O totemismo e os "pais-fundadores" 86
IV-3 – O pensamento mítico 91
IV-4 – O clima, os mitos e as civilizações 96

TÍTULO V

O PENSAMENTO ABSTRATO: OS MUNDOS "SAGRADO" E "PROFANO" ... 101

V-1 – Caracteres do mito ... 105

V-1-1 – O "sagrado" e o "profano": novos conceitos ... 106

V-1-2 – Os deuses uranianos ... 110

TÍTULO VI

O PENSAMENTO RELIGIOSO: O POLITEÍSMO ... 117

VI-1 – O pensamento religioso e as religiões ... 117

VI-2 – O pensamento religioso no Egito ... 123

VI-3 – As divindades indo-arianas ... 126

TÍTULO VII

O PENSAMENTO RELIGIOSO: O MONOTEÍSMO ... 129

VII-1 –A evolução para o monoteísmo ... 132

VII-2 – Os relatos míticos sobre Abraão ... 138

VII-3 – Revisitando o mito de Jacó ... 149

VII-4 – José, no Egito: um mito supérfluo! ... 155

VII-5 – O Êxodo: uma apreciação do relato bíblico ... 159

VII-6 – O povo hebreu no relato do mito ... 168

VII-7 – Moisés. O artífice por detrás do mito ... 173

VII-8 – Michelângelo: sempre surpreendente ... 177

TÍTULO VIII

CONCLUSÕES ... 181

CRÉDITOS DAS FIGURAS ... 183

REFERÊNCIAS ... 187

INTRODUÇÃO

Quereríamos, nestes textos, abordar a fenomenologia ocorrendo na *noosfera*, tal como a definiu o pensamento de Teillard de Chardin.[1]

Não é conceito novo, na Antropologia, muito embora não seja usual.

Acreditamos que tal conceito — como, atualmente, o conceito cronogeológico de **holoceno**, acossado pela novidade das significações do vocábulo **antropoceno** — Dificilmente caberia na estrutura cognitiva dos "sapiens" que nos antecederam na História, porque esses "sapiens" eram, ainda, em pensares, mais pobres que nós outros!

Nessa abordagem, destacar-se-ia a figura do *Homo creator*. E, logo, questionaríamos: quando o *Homo sapiens* se teria tornado um "criador" (um *Homo creator*)?

Julgamos que, quando o "sapiens" surgiu no mundo, estaria dotado com enorme potencial criativo, porquanto o que o caracterizava como espécie era o seu cérebro, enormemente desenvolvido, com um córtex que lhe era peculiar. Mas, por sua origem, esse córtex — que continha a organicidade geradora dos mecanismos de questionamentos — também continha os centros armazenadores das suas memórias imagéticas, com as quais ele operaria.

Certamente, ao surgir o "sapiens", o seu córtex ainda estava vazio de conteúdos cognitivos. Algum tempo deveria ser vivenciado, antes que os novos conteúdos vivenciais fossem organizados e ressignificados, lhe permitindo imaginar novos construtos relativos ao seu viver.

Não dispomos de evidências datando os primeiros pensares abstratos desse novo ser. Contudo, uma hipótese nos parece consistente: o conceito sobre deidades criadoras, dos seres e das coisas, somente teria aparecido bem após o próprio "*sapiens*" ter-se tornado — ele mesmo — um "criador".

Quando isso teria ocorrido? Tudo indica (na falta de outras comprovações materiais) que isso teria ocorrido quando ele se tornou sedentário. Ele não poderia imaginar deuses criadores se ele mesmo não fosse um

---

[1] A noosfera é definida ao lado dos reinos mineral e animal; e, dentro desse último, no reino hominal; e neste, a noosfera é a esfera que congrega os pensamentos humanos. Estes, considerados como entidades (não como entidades materiais, criadas a partir dos componentes da Tabela Periódica dos elementos químicos), mas como "seres de pensamento". Ver: TEILHARD DE CHARDIN, Pierre, Pe. *L'Apparition de l'Homme*. Paris: Éditions du Seuil, 1955.

criador, porque todos os seres de pensamento não são mais que idealizações de um viver fabuloso, imaginado e surgido do seu próprio viver, no seu mundo material.

Os primeiros questionamentos que o *Homo sapiens* se teria colocado, tão logo liberto das suas premências instintivas para a sobrevivência física, em um mundo intensamente hostil e agressivo, teriam sido o interrogar-se sobre algumas questões fundamentais, como:

> *Afinal, quem sou eu? E aqueles que estão ao meu redor? E quão diferentes somos uns dos outros? De onde viemos? Para onde vamos?*

Julgamos que, nesse momento, ele estava a caminho de superar o estado social de horda em que se encontrava, como um hominídeo que fora. Algo o distinguia dos demais hominídeos, uma cabeça de maior volume e uma testa desenvolta e ampla: era a aparência externa do desenvolvimento, em mutação, de um complexo neocórtex. Ele não entendia, mas, diversamente dos demais hominídeos da sua convivência, ele se sentia diferente: tinha as mesmas pulsões instintivas, porém sentia uma enorme incompletude existencial, o que o levava a praticar atos jamais vistos anteriormente.

Certamente, ele vinha sofrendo brutais experiências pessoais: a morte de outro ser a quem ele se afeiçoara. Era essa uma vivência que muito o angustiava, fazendo-o sonhar com as suas afeições perdidas. Assustou-se, ao senti-las novamente ao seu lado... Não o entendia! Ele percebeu que podia se questionar sobre esse sentir, e sobre outros mais!

E, com muita probabilidade, teriam sido esses os mesmos questionamentos que o levaram a antever uma nova instância do seu ser, o que bem mais tarde ele denominaria como "o sagrado", preenchendo-o com as imagens que — sem bem saber como surgiam — se incorporavam ao seu viver... Tudo o aterrorizava, porque, então, a sua enorme capacidade de pensar estava vazia de conteúdos cognitivos sobre a natureza que o envolvia, e que viriam de conferir-lhe uma compreensão inicial do território que o cercava.

Voltemos àqueles primeiros questionamentos, que hipoteticamente supúnhamos habitarem a mente dos primeiros "*sapiens*": com quais probabilidades teriam sido assim os primeiros momentos intelectivos do *Homo sapiens*? Certamente, nunca o saberemos. Entretanto, permitam-nos os leitores esses devaneios...

Aqueles mesmos questionamentos devem ter-se colocado a Michelângelo, alguns milênios mais tarde, ao pintar a sua interpretação do mito bíblico da "Criação de Adão". O afresco por ele criado no teto da Capela

Sistina, no Vaticano, traduz a essência de uma busca continuada do *Homo sapiens*, desde o seu surgimento em nosso planeta, para a cognição de si mesmo, e do meio físico em que vivia.

A interpretação do artista mostrava o mito judaico numa visão cristã da criação do povo judaísta/israelita por um Deus antropomórfico, mas um tanto distanciado das visões — tanto joaninas quanto paulinas — daquela deidade. Todavia, a sensibilidade artística de Michelângelo a tudo superou ao representar Adão adormecido (talvez, sonhando?), enquanto o Deus de Abraão lhe infundia a alma paulina, a qual viria, posteriormente, a questionar a sua própria criação naqueles termos!

Nos termos dos conhecimentos científicos atuais, diríamos que o artista representou a infusão do Ego, em um hominídeo em evolução — Adão — o qual, naquele momento bíblico, fundaria a humanidade dos *sapiens* judaístas. Por isso mesmo, a criação artística sugere a determinação criadora da divindade, enquanto a criatura é representada indiferente ao acontecimento que, dessa forma, se torna seminalmente fundacional de toda a humanidade (ver a figura 4.1, no Título IV).

Situemo-nos dentro dessa História da evolução: a cronologia bíblica coloca a origem do mundo hebraico aos 5 mil anos antes da nossa era.

Mas o mundo hebraico não era o mundo contido no planeta Terra, o nosso mundo, como o entendemos atualmente. O mundo judaico (do Gênesis) se restringia ao território habitado pelo povo do Judá Antigo, e nada mais!

Em realidade, sabemos que o nascimento do nosso planeta antecedeu em alguns 4,5 bilhões de anos a nossa era atual. O aparecimento dos hominídeos deu-se há 1,74 milhões de anos, também antes de nossa era. Há cerca de 260 mil anos, no Leste da África, em mutação cerebral cuja causa ainda não foi apreendida, surgiu a espécie "sapiens" do gênero "Homo".

O desenvolvimento dessa nova espécie foi notavelmente rápido: em cerca de 70.000 a.C., e partindo do Leste da África, o *H. sapiens* iniciava a sua expansão por todo o globo terrestre. Desconhecemos o momento em que teria havido a primeira manifestação do Ego, nessa espécie em evolução. Porém, acreditamos que tal manifestação tenha ocorrido em uma sucessão temporal continuada, entre o 70º e o 40º milênios a.C., época durante a qual houve as primeiras manifestações da sua vocação artística, produtora de miniaturas imagéticas da própria espécie; mas, também, a sua vocação em conhecer o mundo em que vivia. Essa última característica determinou os movimentos da sua expansão geográfica, e seguramente antecedendo as suas manifestações artísticas.

Ressaltemos que o aparecimento das primeiras manifestações sentimentais e emotivas do *H. sapiens* ter-se-ia dado entre o 40º e o 30º milênios a.C., e teria ocorrido em vários pontos do globo terrestre, com alguma simultaneidade. Essa conclusão parece justificar-se diante de vários fatos — descobertas arqueológicas — relatados por vários estudiosos desse tema.[2] Certamente, tal fase cultural se desenvolveria, porque, marcando o seu despertar, o "sapiens" também se tornara "creator".

Essas novas manifestações se caracterizaram pela criação artística, na reprodução imagética em esculturas representando a figura feminina, e em pinturas rupestres, representando elementos da fauna circundante e mantenedora da sua vida, pela sobrevivência alimentar. Por isso, que "caçadores-coletores"!

Acreditamos que a autorrepresentação foi o momento da emersão total do Ego, porque foi quando, pela primeira vez, se registrou o início do pensar reflexivo, ocasião em que o *H. sapiens* passou a intuir, compreender, interpretar e representar-se no mundo natural em que habitava. Para isso, ele aprendeu a traduzir o mundo que o cercava em imagens representativas; adquiriu o sentido do tempo, que passa de forma idêntica para todos; finalmente, aprendeu a falar e se intercomunicar com os demais. Enfim, a emersão total do Ego permitiu-lhe sonhar com o seu amanhã, e projetar o seu futuro. Teria sido esse o momento da criação dos primeiros mitos neolíticos, sobreas suas origens mágicas.

Forçoso será compreendermos que Michelângelo intuiu e representou, em sua criação magnífica, o momento inicial daquela formidável adjunção psíquica.

Em síntese, temos por admitida a hipótese de Teilhard de Chardin sobre a origem mutacional do *H. sapiens*, no Leste do continente africano, e cerca de 260 mil anos antes de nossa era.[3]

Se admitirmos que o início da emersão do Ego foi a razão para a tão rápida expansão dessa nova espécie, por todo o globo terrestre, deveremos admitir, também, a sua grande plasticidade na busca continuada de novos conhecimentos sobre o meio que o cercava, ocorrendo a sua conveniente adaptação em todos os ambientes geográficos que lhe eram disponibilizados.

Apoiados nas evidências arqueológicas anteriormente examinadas, poderemos definir a Pré-História:

---

[2] ROMER, John. *Testamento*: os textos sagrados através da História. São Paulo: Melhoramentos, 1991; BRODERICK, Alan Hougthon. *El Hombre Prehistorico*. 3ª reimpressão. México: Fondo de Cultura Econômica, 1984.

[3] TEILHARD DE CHARDIN, Pierre, Pe. *Le Phénomène Humain*. Paris: Éditions du Seuil, 1955.

> Sendo a História da humanidade aquele período do tempo solar que foi registrado em escritos e em monumentos líticos, definimos a Pré-História como o período que, antecedendo àquele, e inferido pelas peças osteológicas, arqueologicamente identificadas; pelas marcas, símbolos, esculturas e pinturas gravadas em pedras, ou em ossos de animais contemporâneos a ela, que denunciam as percepções e manifestações psíquicas em evolução, de uma humanidade incipiente.

Voltemos nossa atenção à questão da extinção dos hominídeos.

A grande plasticidade psíquica do *H. sapiens*, tal como registrada nos elementos líticos dessa Pré-História, não explicaria a sua aparente ferocidade predadora, diante de outras espécies concorrentes. Entretanto, se nos detivermos nas descobertas de O. S. Blakey, em 1981, na Tanzânia, verificaremos que, das duas espécies ali encontradas, a mais próxima de nós, evolutivamente, foi a denominada *Homo habilis*: era uma espécie com grande habilidade para trabalhar um ferramental lítico em lascas, mas também espécie carnívora. A conclusão — aparente e provisória — a que somos levados, quando observamos a extinção sistemática das espécies de hominídeos concorrentes, estaria ligada, provavelmente, à genética dessa espécie. Concluiríamos ter sido o *H. sapiens* um grande predador das outras espécies concorrentes. Essa tendência, tornada atávica, explicaria o canibalismo que, até nos tempos modernos, encontramos entre as populações neolíticas do Brasil colonial.[4]

Terá sido essa mesma plasticidade a responsável pelas primeiras evoluções sociais do *H. sapiens* primitivo: o aparecimento das "frátrias", no matriarcado dominante nas hordas; a subsequente evolução social na constituição progressiva do patriarcado, com a formação da organização social em "famílias" e "clãs". Foi um processo longo, tendo se iniciado ainda no período cultural do Paleolítico Superior (40.000/30.000 a.C.), e se estendendo até o período do Neolítico (6.000 a.C.).

Nesses longos períodos, ocorreram importantes acontecimentos, como o aquecimento global do planeta, causando o fim da "era glacial" e o estabelecimento de um regime climático que ainda nos é conhecido, atualmente.

Ressaltemos que o processo de aquecimento global deu origem a vários mitos da maior importância para a história do desenvolvimento social do *H. sapiens*: o mito de "Adão e Eva e a perda do paraíso"; o mito do "dilúvio universal"; o mito de "Abel e Caim" e o mito da "Torre de Babel".

---

[4] STADEN, Hans. *Primeiros registros escritos e ilustrados sobre o Brasil e seus habitantes*. São Paulo: Editora Terceiro Nome, 1999.

Mas, imersos que estivemos na evolução do pensamento, como deveríamos considerar o aparecimento de um mito?

Por certo, um mito é a narrativa de um fato exemplar, muito complexo, acontecido em dado momento. Mas o fato é narrado segundo o entendimento que o narrador tinha sobre os acontecimentos descritos, e por isso, sua narração será fabulosa. Exemplificando: o mito do dilúvio informa ter sido um "castigo" aplicado pela divindade, porque não havia a compreensão de um fenômeno cósmico, de um aquecimento global e universal, o que — ressaltemos — até a nossa atualidade, e com todo o nosso conhecimento científico, ainda não entendemos convincentemente.

Assim sendo, o mito é uma história contada à compreensão que se tinha do fenômeno, no momento em que a narrativa foi gerada. Um "castigo divino" é razão bastante assimilável à compreensão das gentes, em qualquer época...

Considerando os mitos sob esse modo de olhar, entenderemos que o mito de "Adão e Eva e a perda do paraíso" representa a passagem do matriarcado para o patriarcado, quando o *H. sapiens* deixa de ser horda e se organiza, sedentariamente, em famílias e clãs.

O mito de "Abel e Caim" descreve a "revolução agrícola" e a "domesticação das criações de animais", fatos históricos da maior importância, ocorridos após o "dilúvio universal", com o recuo dos glaciares e a formação das florestas temperadas, bosques e savanas.

Todas essas fases culturais corresponderam a momentos bem característicos do desenvolvimento intelectual dos *H. sapiens*, e serão amplamente tratadas nos tópicos sobre o "Pensamento Mágico", o "Pensamento Abstrato e o Totemismo", o "Pensamento Politeísta e o "Pensamento Monoteísta". Procuraremos mostrar que esse desenvolvimento do psiquismo humano não é mais que o esforço do *H. sapiens* em tornar disponível a toda a criação aquilo que ele descobre ser benéfico a ele mesmo. Afinal, ao aceitar de Eva o fruto da "Árvore do Conhecimento", não se tornou, ele mesmo, um cocriador, com a divindade? Assim entendemos o que nos diz o "Livro do Gênesis", em seu capítulo 3, e no versículo 22.

Caracterizamos dessa forma a natureza heurística das histórias míticas. Aqui, não insistiremos sobre os usos estéticos, ou o importante uso político, dos relatos míticos. Eles serão abordados, especificamente, nos títulos que apresentaremos.

Em particular, ressaltemos aqui: a *Torá* representa o mais eficaz conjunto de relatos míticos, realizados com o único propósito de controle social, por um grupo dirigente de um povo, a saber: os sacerdotes do Templo de Jerusalém, após o breve e obscuro reinado de Zorobabel!

TÍTULO I

A PRÉ-HISTÓRIA E O MEIO AMBIENTE

Em momentos culturais anteriores, os historiadores consideravam a Pré-História como um período do tempo solar, quando ainda não havia registros escritos sobre a humanidade então presente neste planeta.

Era essa uma definição estabelecida quando a História da humanidade, na civilização ocidental, se confundia com a narração bíblica, na concepção judaico-cristã da criação do mundo: Yahweh, havendo criado, em um planeta previamente pronto e centro do Universo, um casal primordial — Adão e Eva — a partir do qual formou o povo judaico.

Contudo, há três particularidades a serem consideradas naquela narrativa do Livro do Gênesis: a primeira é que a narrativa (Gênesis 1, 2 e 3) não trata da criação do orbe terrestre, nem do cosmos, porque esses conceitos eram desconhecidos das populações do mundo judaico, na época em que se produziram esses relatos (século V a.C.); nessa época, a Criação se referia aos povos israelita e judaísta; o mundo e a humanidade, ali, seriam confundidos na criação de Jerusalém. A segunda particularidade refere-se ao céu criado; entendia-se como céu a abóbada celeste observável, limitada pelo círculo formado pela linha do horizonte.[5] Notemos: vivia-se dentro de um conceito de "terra plana", desconhecendo-se a realidade do geoide em que habitamos. A terceira peculiaridade é que Adão e Eva eram os geradores (míticos) dos israelitas e judaístas; além disso, o seu pecado não envolveu qualquer atitude, ou atividade, relativa à reprodução sexual; o seu pecado foi o de conhecer o que era bom e o que era mau; em outras palavras, o pecado da autonomia das escolhas para o seu viver. Por isso, a deidade bíblica lhes impõe um castigo, que foi a perda da imortalidade; eles serão expulsos do Paraíso para que não comam dos frutos da "árvore da vida" e não se tornem, como os deuses, imortais (Gênesis, 3 vers. 20).

Aquele evento, no jardim do Éden, teria ocorrido em cerca de 4.000 anos a.C. e, se perguntássemos: "qual teria sido o objetivo divino com tal criação?", a resposta, unânime, em todas as religiões monoteístas, seria: "Para

---

[5] Ver: RIBEIRO, Osvaldo Luís. *Homo Faber*: o contexto da criação em Gênesis 1, 1-3.1. ed. Rio de Janeiro: Ed. Mauad X, 2005.

amá-Lo e glorificá-Lo!". E outras necessidades intelectuais para melhor conhecermos aqueles desígnios não nos seriam apresentadas. E, ao insistirmos em tal desejo de resposta, estaríamos cometendo o pecado da soberba, o pecado de Adão e de Eva: "aquele de desejar conhecer os desígnios do Deus onipotente, e onipresente!".

Por certo, tal entendimento contrariava a própria curiosidade inata, do *H. sapiens*, razão pela qual ele passou a novas interpretações do mundo que o acolhia. Nesse sentido, novas conceituações seriam estabelecidas.

I-1 – Conceitos de hominídeos e de Pré-História

Atualmente, face às inúmeras evidências arqueológicas de que passamos a dispor, ficamos sabendo que o *Homo sapiens* — a espécie formadora da humanidade atual — estava presente neste planeta desde cerca de 260 mil anos antes da nossa era; e, ainda, que ela proveio da evolução de um ramo de antropoides muito mais antigo; este, por sua vez, se derivou do ramo dos símios. A arqueologia também nos mostra que a evolução daquele primeiro ramo produziu outras espécies de seres, situados entre os símios e o *Homo sapiens* (os *Driopitecídeos*, os *Australopitecídeos*, os *Pitecantropídeos*), geralmente designados pelo vocábulo *Hominídeos* (ou *Plessiantropos*, quando se tratasse de espécies muito próximas do *H. sapiens*, como os *Sinanthropuspekinensis*).

Os Driopitecídeos, bem como os Australoptecídeos, estavam presentes em nosso planeta desde há um milhão e setecentos mil anos antes da nossa era.

Além desses conhecimentos arqueológicos, também avançamos quanto aos conhecimentos sobre o Cosmos, do qual somos parte. Aprendemos que habitamos um planeta inserido em um sistema solar que se formou há 4,5 bilhões de anos; e que esse sistema solar é absolutamente semelhante a inúmeros outros, e regidos pelos mesmos princípios naturais, e espalhados por este universo, atualmente considerado incomensurável, porque infinito.

Em consequência, e em sentido muito amplo, definir-se-ia a Pré-História:

> **Um período do tempo solar, quando ainda não havia registros escritos sobre as atividades das espécies antropoides que, evoluindo a partir de uma mutação do ramo dos símios, originaram um novo ramo, do qual se originaram os *hominídeos* e o *Homo sapiens*.**

HOMO CREATOR: PENSANDO UM MUNDO EMERGENTE — UMA HISTÓRIA

Mas essa é uma definição por demais ampla, além de homocêntrica, em que o *Homo sapiens* é o ator fundamental. Devemos esclarecer que os demais seres que se situaram entre os símios e o *H. sapiens*, e que são objetos dos estudos da paleontologia, a partir das marcas por eles deixadas, também serão parte da Pré-História da humanidade.

Poderíamos, então, gerar nova e mais específica definição de Pré-História, na qual seja valorizado o fenômeno da evolução cerebral dos hominídeos, até o *H. sapiens*:

> **Sendo a História da humanidade aquele período do tempo solar que foi registrado em escritos e em monumentos líticos, definimos a Pré-História como o período que, antecedendo àquele, e inferido pelas peças osteológicas, arqueologicamente identificadas; pelas marcas, símbolos, esculturas e pinturas gravadas em pedras, ou em ossos de animais contemporâneos a ela, que denunciam as percepções e manifestações psíquicas em evolução, de uma humanidade incipiente.**

Baseados naquele primeiro enfoque, pensaram alguns paleoantropolólogos que poderíamos identificar o "elo perdido do darwinismo", ou seja, a transição entre os símios e os ancestrais do *H. sapiens*. Sobre tal expectativa, no momento podemos dizer que ela foi inteiramente frustrada, e a ela retornaremos mais adiante.

Por certo, existem evidências que nos permitem pensar os hominídeos habitando o planeta, desde há cerca de 1,75 milhões de anos. As evidências arqueológicas mostram que, dos *Australopitecos* aos *Pitecantropos erectus*, todos os hominídeos conviveram ao longo dos tempos, e em lugares diversos da África, da Ásia e da Europa, mas sempre em constante evolução transformadora (observemos que os acidentes descritos pela geografia física, bem como a fauna, em particular, também evoluíram, nesse mesmo período do tempo; vale dizer, o meio ambiente também evoluiu, nesse mesmo período de tempo).

De fato, em 1981, em Tanganica (Congo, África Oriental), nos desfiladeiros de Olduvai, foram descobertos fósseis que, datados pelo método do "Argônio 40", revelaram-se antigos de 1,7 milhões de anos; esses fósseis foram atribuídos a hominídeos, como os fósseis antes conhecidos, registrados nas camadas do Pleistoceno Inferior e Médio, na Ásia.

Em seus momentos iniciais, essas descobertas trouxeram grandes perplexidades quanto às interpretações da sua posição na antropogênese, tal como então admitida. Contudo, atualmente, aqueles *Plessiantropos* passaram a ser tidos, tal como os novos fósseis descobertos em Tanganica, como *Australopitecos*.[6]

Notemos, de passagem, que a denominação *Plesiantropos*, foi criada por Joseph Campbell e quer significar *"antropoide próximo ao homem"*; entre as denominações científicas, esta é um termo mais gentil que o *Australopiteco*, o qual significa "macaco austral (ou do Sul), da mesma forma que o termo *Pitecantropos erectus* significaria *"antropoide que anda ereto"*. Os fósseis encontrados na Tanzânia (alguns crânios, maxilares, dentes...) indicaram que pertenciam a duas raças de hominídeos diferentes: a primeira, que foi chamada de *zinjantrophus* (antropoide etíope), com maxilares desenvolvidos e grande comedor de vegetais; a segunda raça, de maxilares menores e com características de carnívoros, e usando artefatos líticos lascados, e não polidos; essa última raça parece ter originado aquela do *Homo sapiens*. O seu descobridor, O. S. Bleakey, denominou-a de raça do *Homo habilis*, porque fora registrado ali o aparecimento da habilidade de produzir um ferramental lítico, entre os hominídeos.

Ainda na África do Sul, junto aos fósseis descobertos entre 1927 e 1946, nas grutas dolomíticas do Sudoeste do Transvaal, e em situação muito singular, encontrou-se notável quantidade de crânios, mandíbulas e outras peças osteológicas, cuja análise mostrou tratar-se de um grupo de primatas em franca evolução para o grupo hominídeo: postura ereta, caninos e molares com forma humanoide; pélvis humana, rádios e cúbitos humanos. No entanto, a capacidade craniana situava-se entre 650 e 750 cm³, e em nenhum dos locais das explorações se encontrou sinais de fogo ou de ferramentas que caracterizassem o *Homo habilis*, embora fossem encontradas numerosas ossadas da fauna da época, e muitos crânios de símios de pequeno porte. Denominou-se esse grupo de fósseis como *"Australopitecídeos"*, porque, de fato, caracterizavam-se como pertencentes a um mesmo grupo de *Australopitecos* anteriormente conhecidos. Alguns arqueoantropólogos pensaram, mesmo, ter ali encontrado o "elo perdido do darwinismo". Contudo, logo foi evidenciado que esse "elo" está definitivamente perdido na noite dos tempos, porque, em sendo a evolução um processo contínuo e agregador, não poderíamos saber em qual peça osteológica estaria situado tal "elo", já que a arqueologia é a única fonte documental que nos poderia socorrer nessa determinação.

---

[6] CAMPBELL, Joseph. *As máscaras de Deus*. São Paulo: Editora Palas Athena, 1992, p. 10.

Sem dúvidas, entre todas as descobertas arqueoantropológicas até a atualidade, os achados do Transvaal representavam o grupo mais distanciado no tempo, entre os hominídeos e o *Homo sapiens*; embora não fossem — e, certamente, nem pudessem ser considerados — o "elo perdido" (que continuará "perdido"), haja vista a absoluta continuidade com a qual a evolução se tem apresentado. Por certo, os caminhos da evolução até o *Homo sapiens* podem ser constatados nos espécimes arqueológicos conhecidos: seja pela evolução da coluna vertebral e da bacia, possibilitando o futuro desenvolvimento da musculação dos grandes glúteos (e, com isso, o equilíbrio no andar e no correr em postura vertical); em particular nas fêmeas, com a estruturação da sua bacia (para as dilatações indispensáveis, durante o parto de um feto com o crânio cada vez maior); seja pela evolução mandibular e dentária; seja pelos volumes cranianos crescentes, dos hominídeos (os *Australopitecídeos*, com 530 cm³; o *Homo habilis*, com 673 a 680 cm³) até os hominídeos mais recentes (os *Pitecantropos erectus*, com 935 cm³). Dessa forma, bem cabe a pergunta: que peça osteológica representaria o encontro do "elo perdido", em sua evolução?

De fato, atualmente, antropólogos e arqueólogos não acreditam que tal peça possa ser definida e, em consequência, encontrar-se aquele "elo". Na literatura científica atual, prefere-se entender o "elo perdido" como uma feliz imagem que Darwin imaginou e utilizou para se fazer compreender quanto à transição entre dois *phylas* (ramos), na evolução das espécies.

Sem que se insista desnecessariamente no assunto, bastará dizer que os hominídeos constituíram um "ramo evolutivo" cujas raízes se perdem no fim da era terciária, e cuja evolução se viu interrompida, por extinção do ramo, no Quaternário Inferior: símios em evolução, é o que pode ser pensado desse grupo.[7]

Contudo, é certo que "ao descerem das árvores" os australopitecídeos já andavam eretos (lembremo-nos da figura denominada "Luzia", tão comentada nas mídias).

Também no início da Era Quaternária, antes do aparecimento do *Homo sapiens*, observa-se o aparecimento de outros ramos de hominídeos, localizados na Ásia, em Pequim e em Java: encontraram-se os fósseis do *Sinanthropus pekinensis*, do *Homosoloensis*, do *Homem de Modjokerto*, e do *Pithecantropos erectus*, formas evoluídas de hominídeos, que já dominavam o fogo e apresentando-se como *faber*, vale dizer, fabricantes de artefatos líticos polidos.

---

[7] TEILHARD DE CHARDIN, Pierre, Pe. *Le Phénomène Humain*. Paris: Éditions du Seuil, 1959, p. 177-183.

Na África do Sul, formando outro grupo, encontramos o *Homo capensis* e o *Homo de Rodésia*, cujas características osteológicas os colocam muito mais próximos do *Pithecantropo*, que dos Australopitecídeos. finalmente, na Europa, aparecem os fósseis dos *Neandertaloides*, entre os quais o *Homem de Saccopastore*, na Itália. Seguem-se o *Homem de Steinheim*, o *Homem de Swanscombe* e o *Homem da Palestina*.

De qualquer forma, considera-se que, na linha da evolução humana, o *Sinanthropus pekinensis* é o fóssil mais evoluído na direção dos *Homo sapiens*, já que é inegável que dominava o fogo e fazia ferramentas, não só de pedras lascadas e polidas, mas também se utilizando de queixadas de alces e outros grandes animais, para serrar outros materiais e, mesmo, para escavar o solo, além de moldar argilas.

De tal forma foram incisivas essas descobertas que, entre os arqueólogos da nossa atualidade, constituíram-se linhas de pensamentos que situam as origens definitivas do *Homo sapiens* em zonas geográficas ditas de "hominização"; estas se colocando em localizações específicas e facilitadoras das mutações ocorrentes. Aos interessados sobre esse aspecto particular da teoria da evolução dos hominídeos, recomendamos consultarem a obra indicada aqui.[8]

I-2 – Conceito de tempo geológico

Desde o aparecimento do nosso sistema solar e a formação da Terra, até os nossos dias, transcorreu um lapso de tempo avaliado em 4,5 bilhões de anos. É claro que nos referimos, aqui, a anos solares, muito embora nas fases iniciais do sistema solar — enquanto o Sol e os seus planetas ainda não estavam definidos — não poderíamos definir o conceito de tempo solar: mas, para esse período inicial, de duração incerta, estendem-se as avaliações, como se solar também fosse aquele período. É a esse enorme lapso de tempo — 4,5 bilhões de anos — que denominamos **tempo geológico**. É espaço temporal enormemente longo, tornando-se quase incompreensível para o nosso entendimento. Por isso, ele é didaticamente dividido e subdividido, em espaços de tempos menores, a que denominamos *Éons, Eras, Períodos e Épocas*. As divisões didáticas, temporais, permitindo sejam apreciados os estágios da evolução natural do planeta Terra, estão baseadas nos grandes acontecimentos cósmicos, sísmicos e de manifestações da vida, todos eles de abrangência mundial.

---

[8] TEILHARD DE CHARDIN, Pierre, Pe. *L'Apparition de l'Homme*. Paris: Éditions du Seuil, 1955.

HOMO CREATOR: PENSANDO UM MUNDO EMERGENTE — UMA HISTÓRIA

O primeiro grupo de divisões didáticas denomina-se Éon (longo espaço de tempo na eternidade).[9] Inicialmente, divide-se a história da Terra em quatro éons:

1. *Hadeano* – É um período contínuo e indiviso, correspondendo à formação do nosso sistema solar, até o início do resfriamento da crosta terrestre. Nada podemos conhecer, diretamente, deste grupo, senão por inferências com a formação de outros sistemas planetários. Estima-se que o início deste éon se deu há 4,5 bilhões de anos, tendo terminado há 3,85 bilhões de anos.

2. *Arqueano* – É o éon que procura compreender o tempo geológico da consolidação do magma inicial até a formação de uma crosta sólida e um núcleo magmático, onde serão gerados os fenômenos sísmicos e vitais. Estima-se que este éon teria durado até cerca de 2,5 bilhões de anos.

3. *Proterozoico* (significando: múltiplas formas de vida) – É um éon que durou cerca de 2 bilhões de anos. É o período de formação das rochas mais antigas. Nos seus primeiros momentos, o oxigênio se acumulou na litosfera, formando os diversos óxidos, principalmente os de silício e ferro. Há um bilhão de anos, surgem os eucariontes e as algas. No final deste éon, formam-se os paleocontinentes *Laurentia* (América do Norte, Escócia, Irlanda, Groelândia), *Báltica* (Centro-Norte da Europa, Sibéria e Cazaquistão) e *Gonduana* (África, América do Sul, Austrália, Antártida, Índia e Península Ibérica-Sul da França).

4. *Fanerozoico* (significando: vida visível) – É o éon atual, tendo se iniciado há 542 milhões de anos. É o éon em que se deu a grande explosão da vida no Planeta.

Deve ser dito que a União Internacional das Ciências Geológicas não reconhece o éon *Hadeano*, incorporando-o ao éon *Arqueano*. Aceitando a posição da UICG, poderíamos dizer que o processo de formação da Terra teve início há 4,5 bilhões de anos.

---

[9] Segundo os dicionários, o vocábulo tem a significação de: s. m.: 1- espaço de tempo indeterminado, dentro da eternidade; 2- na cronogeologia: a maior unidade do tempo geológico, indeterminado, e a partir do qual se referem as ERAS. Essa unidade de medida de tempo é usada porque a nossa referência temporal básica é o DIA SOLAR. Compreende-se que, quando ainda não existia o nosso sistema solar completo e em equilíbrio cósmico, não poderíamos ter qualquer referência de tempo.

Os éons são, por sua vez, divididos em Eras geológicas. As Eras são períodos menores do *Tempo Geológico*, caracterizados pelo modo e disposição assumidos pelos continentes que se formam dada a consolidação da crosta terrestre, bem como pela vida que surge e prolifera. As Eras, assim definidas, são denominadas segundo o éon a que pertencem:

- **Éon Arqueano**:
  - **Era *Azoica*** (4,5 a 3,85 bilhões de anos). Significando "era sem vida", é um período equivalendo e substituindo-se ao éon Hadeano (a estimativa temporal de sua duração é feita em ANOS SOLARES, evidentemente). Corresponde às fases da formação do planeta Terra e a separação da sua Lua. Inicia-se o resfriamento do planeta.
  - **Era *Eoarqueana*** (3,85 a 3,6 bilhões de anos). Tem início período de resfriamento intenso dos magmas, formando a crosta. É uma época em que o campo gravitacional terrestre leva a intenso bombardeio de meteoritos.
  - **Era *Paleoarqueana*** (3,6 a 3,2 bilhões de anos). Fase em que surgem os primeiros continentes; e com eles as primeiras placas tectônicas. Podem ter surgido as primeiras bactérias, porquanto foram encontradas algumas bactérias com 3,46 bilhões de anos, muito bem-preservadas, em rochas plutônicas, na Austrália.
  - **Era *Mesoarqueana*** (3,2 a 3,8 bilhões de anos). Tem início intensos movimentos de placas tectônicas, com a separação do supercontinente anteriormente formado. Há intensa propagação de estomatólitos.
  - **Era *Neoarqueana*** (2,8 a 2,5 bilhões de anos). Apresentando tectônica de placas, muito intensas. Eventos orogênicos de âmbito do globo; a água em forma líquida forma oceanos primitivos. Formam-se derrames basálticos.
- **Éon Proterozoico**:
  - **Era *Paleoproterozoica*** (2,5 a 1,6 bilhões de anos). Surgem os primeiros seres eucariontes.
  - **Era *Mesoproterozoica*** (1,6 a 1 bilhão de anos). Forma-se o supercontinente *Rodínia*. Surge a reprodução animal sexuada.

- **Era *Neoproterozoica*** (1 bilhão a 542 milhões de anos). No fim dessa era, percebe-se como que uma extinção em massa de animais multicelulares marinhos que viveram durante essa era. A extinção dessa biota foi compreendida a partir da descoberta de grande quantidade de fósseis incluídos nas rochas sedimentares dessa época, encontradas no Sul da Austrália.

- **Éon Fanerozoico:**

  - **Era *Paleozoica*** (542 a 251 milhões de anos). As revoluções sísmicas intensas, com frequentes transgressões e regressões marinhas; o continente de Pangeia estava intacto. Formaram-se as futuras jazidas de carvão mineral. Os animais terrestres sofrem enorme expansão evolutiva (a chamada "explosão Cambriana"). Contudo, no último período dessa era, no período Permiano, houve a maior extinção em massa, de diversas espécies animais e vegetais.

  - **Era *Mesozoica*** (251 a 65,5 milhões de anos). A era tem início com intenso vulcanismo, levando à fragmentação da Pangeia em dois novos continentes: a Laurásia, ao Norte, e a Gonduana, ao Sul. Extensos derrames basálticos, ao Sul do Brasil e países vizinhos. Clima árido no início da era, originou vasto deserto arenoso. O posterior levantamento dos Andes (na Era Cenozoica) e a consequente subsidência desses desertos, consolidando aquelas areias em rochas sedimentares, formou o grande "Aquífero Guarani", no Sul do Brasil, Paraguai e Argentina. Surgem, expandem-se e são extintos os dinossauros, pterossauros e plessiosauros. Essa foi a segunda extinção em massa ocorrida na Terra, menor, porém, que a ocorrida no período Permiano. Mamíferos e amonitas se expandem; surgem as aves e os arbustos angiospermas.

  - **Era *Cenozoica*** (65,5 milhões de anos até os dias atuais). Tendo em vista a sua importância para o estudo a que nos propusemos, adiantaremos a sua atual divisão em três períodos:

  - **Paleogeno** (65,5 milhões de anos até 23,03 milhões de anos) e compreendendo as épocas: Paleoceno, Eoceno e Oligoceno.

  - **Neogeno** (23,03 milhões de anos até 2,6 milhões de anos). Divide-se nas épocas: Mioceno e Plioceno.

- **Quaternário** (2, 6 milhões de anos até o nosso tempo presente), com as épocas: Pleistoceno e Holoceno.

Foi durante a era Cenozoica que a Terra assumiu a sua feição atual: intensa atividade vulcânica e formação das grandes cadeias de montanhas, como os Andes, os Alpes e o Himalaia; a Austrália separou-se completamente da Antártida. Durante o Cenozoico, a América do Sul se une à América do Norte por meio do istmo do Panamá.

Quanto às biotas, durante o Cenozoico, surgem 28 ordens de mamíferos, 16 das quais ainda permanecem presentes. Em meados do Pleistoceno, ocorre intensa glaciação, mais intensa no hemisfério Norte que no Sul, durante cerca de 600 mil anos e findando em cerca de 17.000 a.C.

Desde o início do Pleistoceno, surgem os hominídeos mais antigos que conhecemos. Os fósseis de Tanganica (desfiladeiros de Olduvai), datados de 1,74 milhões de anos; o *Homo heidelbergensis*, com idade avaliada em cerca de 450.000 a.C.; o *Homo neanderthalensis* aparece em cerca de 250.000 a.C.; o *Homo sapiens* parece ter surgido em cerca de 260.000 a.C. (o Homem de Marrocos).Contudo, ramos mais antigos de seres evoluídos dos símios e evoluindo francamente para os hominídeos (os grupos denominados de *Australopitecídeos*) estão presentes há cerca de 1,75 milhões de anos, conforme já afirmado anteriormente.

I-3 – O clima e a glaciação

Sabemos que, em nossa atualidade, a temperatura ambiente cai de 0,59° C para cada 100 m de elevação sobre o nível dos mares[10]. Dessa forma, um local montanhoso, com temperatura média de 30°C ao nível do mar, e com mais de 5.400m de altura, apresentará glaciares a partir dessa altitude.[11]Com isso, queremos dizer que, desde muito cedo, o nosso planeta conviveu com glaciares, seja em altitudes maiores, seja nas latitudes elevadas. É bastante provável que, a partir do período Proterozoico Superior (750 milhões de anos a.C.), após o enriquecimento da atmosfera em oxigênio e vapor de água, o planeta tenha passado a gozar de ciclos de temperaturas anuais oscilando entre o frio intenso e o calor cálido. Tal gama de temperaturas ocorria em função da inclinação do eixo de rotação do globo terrestre, com relação ao plano da eclíptica do Sol. Essa inclinação levava à consequente variação das

---

[10] GUIMARÃES, Djalma; 1958, p. 59.

[11] Por exemplo, o Kilimanjaro, a Nordeste da Tanzânia, na África do Norte.

áreas de exposição terrestre à radiação solar. Daí estarem bem estabelecidas as condições básicas para o aquecimento ambiental e o surgimento e a manutenção de formas variadas de vida, em todo o planeta (apareceram os trilobitas, os graptolitos, as gimnospermas, os criptógamos vasculares etc.).

Essas condições permaneceram até meados do período Pleistoceno (até o primeiro milênio a.C.). Assim, por mais de 749.000.000 anos atrás, o planeta conviveu com um esquema de distribuição das temperaturas que, hoje, ainda nos é familiar: zonas glaciais, zonas temperadas e zonas equatoriais, quentes.

Contudo, em meados do período Pleistoceno, já na era Psicozoica (Época Quaternária), em cerca de 600.000 a.C., ocorreram mudanças radicais na distribuição dessas temperaturas, no globo terrestre. Ocorreram, então, notáveis quedas das temperaturas ambientes, e com os gelos polares avançando progressivamente até as zonas tropicais. Essas zonas passaram a apresentar temperaturas muito mais amenas.

Por outro lado, a ação do ciclo hidrológico levava à consequente queda do nível dos mares, e novas extensões de terras se ofereciam às espécies que migravam diante da marcha das geleiras; estas se deslocavam, em mantos espessos, até as latitudes próximas de 20º.[12]

Essa grande glaciação, registrada na cronologia geológica do planeta, durou até cerca de 17.000 a.C., em ciclos que totalizaram 583 mil anos. Uma representação da possível duração desses períodos de temperaturas excepcionalmente baixas, quase impossibilitando a vida, é apresentada na bibliografia pertinente, em particular, na obra *El Hombre Prehistórico*.[13]

Encontramos no período das glaciações:

- Glaciação de Günz, ocorrendo entre 600.000 a.C. até 550.000 a.C.;

- Interglaciação Gunz-Mindell, durou de 550.000 a.C. a 480.000 a.C.;

- Glaciação de Mindell, durou de 480.000 a.C. a 440.000 a.C.;

- Interglaciação de Mindell-Riss, durou de 440.000a.C. a 240.000 a.C.;

- Glaciação de Riss, durou de 240.000 a.C. a 190.000 a.C.;

---

[12] Está implícito o conceito de que a quantidade de água presente no planeta é constante, mas distribuída em quantidades variáveis como umidade doar, glaciares, mares, rios e lagos e nos reservatórios subterrâneos, freáticos e artesianos.

[13] BRODERICK, Alan Houghton. *El Hombre Prehistorico*. 3ª reimpressão. México: Fondo de Cultura Economica, 1984, p. 79-88.

- Interglaciação de Riss-Würm, durou de 190.000 a.C. a 126.000 a.C.;

- Início da glaciação de Würm: 126.000 a.C., e se apresentando com três picos de temperaturas baixas, que compreenderam dois períodos interglaciares (os picos são referidos por Wurm I, II e III); duram até 17.000 a.C.;

- Fim da última glaciação — glaciação de Würm III — com o retrocesso e o desaparecimento dos glaciares das zonas temperadas: até 17.000 a.C.

Algumas observações devem ser feitas a propósito das informações anteriores, em particular quanto à sua validade, que é restrita à Europa Ocidental.

De fato, as denominações Gunz, Mindell, Riss e Würm referem-se às localidades dos Alpes suíços, onde as ações geológicas daqueles glaciares foram reconhecidas e estudadas. Os três picos de glaciação foram intercalados por dois períodos interglaciais, quando os climas locais se tornavam temperados, mas secos, tal como o conhecemos durante a primavera europeia. Em outras regiões do planeta, as características e datas de ocorrência e as respectivas durações poderão variar. Contudo, em todo o planeta se viram os gelos polares se estenderem sobre toda a zonas anteriormente temperadas, vindo se deterem nas zonas vizinhas ao equador. As espessuras das camadas de gelo eram consideráveis e variando de 50 a 1.000 m de espessura; para bem entendê-lo, basta considerar que o nível médio dos mares abaixou de 70 m, em média, com relação aos níveis atuais (em alguns locais, esse nível recuou em até 100 m!). Equivale isso a dizer que consideráveis faixas de terras, hoje novamente submersas, foram integradas às atividades e migrações da flora, da fauna, dos hominídeos e do próprio *Homo sapiens*.

Calculou-se que, em zonas temperadas, com uma temperatura média anual de 10°C, se sofrerem um resfriamento da ordem de 5°C, haverá a formação de glaciares, porque a neve caída durante o inverno não fundiria mais durante a primavera, acumulando-se com a dos próximos invernos. Assim funcionou a formação da "Idade do Gelo" na Terra. Não sabemos qual foi a ordem da redução da temperatura média ambiente, nem qual foi a causa dessa queda. Há teorias que procuram explicar essa queda por uma variação secular na órbita terrestre associada às inclinações da Terra sobre o plano da eclíptica. Trata-se de árdua teoria matemática originada nos meios da Astronomia, denominada "Teoria da Radiação", de Milankovitch.

Contudo, em vista deque só se registrou uma única "Idade Glacial" na Terra, com quatro picos de congelamento e três períodos interglaciais, mais amenos, e com uma duração contínua de 550 mil anos solares, e não mais tendo ocorrido, somos levados a uma nova hipótese, que descrevemos:

Os fatos sugerem que o sistema solar, em seu vaguear cósmico, pelos espaços cósmicos, tenha atravessado (parcialmente, que seja) uma zona densa de poeiras estelares, o acontecimento causando uma queda da radiação solar recebida pela Terra. Os períodos interglaciais sugerem que essas zonas de poeiras se adensavam e se rarefaziam, aos poucos, até que todo o sistema solar a houvesse ultrapassado totalmente.

Poeira de estrelas!... Que sorte de radiações poderia a Terra ter recebido, durante tal travessia? Que mutações elas poderiam ter produzido sobre os organismos viventes, sobre a Terra?...

Teilhard de Chardin nos propõe um ilustrativo gráfico situando os períodos glaciais com as diversas culturas pré-históricas.[14] Porém, esse autor situou, cronologicamente, o início da primeira glaciação nas últimas fases do período Plioceno, na Era Terciária, o que hoje é considerado ser uma regressão exagerada, dado considerar-se que a primeira fase desses ciclos teve início na metade do período Pleistoceno. Não obstante essa divergência cronológica, Teilhard é adepto da teoria da "Zona de Hominização" — zona territorial abrangendo a costa Leste da África —, onde as mutações agindo sobre as espécies de hominídeos ali presentes se orientaram para o aparecimento do *Homo sapiens*.

As hipóteses por nós levantadas poderão ser corretas... ou fantasiosas! Porém, a arqueologia nos diz que, fatalmente, o **Homo sapiens** surgiu ali, naquela região do globo terrestre...

---

[14] TEILHARD DE CHARDIN, 1955, p. 28.

TÍTULO II

O EGO E A CONSTRUÇÃO DA CONSCIÊNCIA

Quando cogitamos sobre questões como o desenvolvimento cerebral dos hominídeos, em direção ao *Homo sapiens*, e a consequente questão da complexidade crescente do psiquismo desses últimos, inevitavelmente surge a pergunta: o que o mito neolítico sobre "Adão e Eva" quer nos dizer sobre um casal primordial? Sabemos que esses mitos são polissêmicos. Podemos imaginar que, mais tarde, diferentemente do sentido neolítico original, mas inserido nos escritos do Pentateuco, esse mito pretendeu nos falar sobre o primeiro e o maior entre os pecados capitais: a soberba (ou o orgulho extremado) que o casal teria manifestado, ao pretenderem ser autossuficientes e autônomos. Para nos falar disso, o redator bíblico reporta o nascimento do povo judaísta, imediatamente após a "criação" da Jerusalém, que se tornará monoteísta (porque, historicamente, o povo judaísta, bem como o israelita, eram politeístas!); e a partir do primeiro casal criado pela divindade, fisicamente presente ao ato, Ela conduz um primeiro sacrifício animal, expiatório: a divindade mata um animal e, com sua pele, "cobre" o pecado (ou, em outras palavras, dá o perdão temporário) do casal, vestindo-os dessa pele. A intenção do redator seria, mostrando que Yahweh estando presente desde a origem do templo de Jerusalém, também instituíra o sacrifício animal que, doravante, deveria ser praticado, anualmente, e no templo, por todos os judaístas e israelitas.[15]

Contudo, o mito neolítico responderia diversamente àqueles mesmos questionamentos: "quem somos?"; "de onde viemos?" e "para onde vamos?".

A antropologia evolutiva verá nesse mito um acontecimento posterior à "hominização dos plessiantropos".[16] Também considerará ter sido aquele momento da criação do *Homo sapiens* um largo período do tempo solar, posto que o fenômeno da *hominização* — o aumento do volume cerebral, em cerca de 2,2 vezes o do volume presente nos primeiros *Australopitecídeos* — não teria sido fenômeno mutacional de caráter universal; teria sido restrito a uma certa zona geográfica, mas tendo agido de modo continuado,

---

[15] No Título VII, ao discutirmos o monoteísmo, voltaremos mais detalhadamente a esse tópico.

[16] Trataremos desse aspecto da antropogênese no Título IV.

pela procriação da espécie. Para a Antropologia, admitir que tenha havido um casal primordial, tal como "Adão e Eva", pressuporia admitir-se uma descontinuidade na antropogênese, ou seja, no processo evolutivo dos hominídeos, em direção ao *Homo sapiens*. Voltemos ao texto bíblico, em Gênesis, 3 — versículo 22:

> ... E o Senhor Deus disse: Eis que o homem se tornou como um de nós, conhecendo o bom e o mau. Agora, pois, cuidemos que ele não estenda a sua mão e tome também do fruto da árvore da vida, e o coma, e viva eternamente.

Por isso, expulsou-os do paraíso, dando-lhes o mundo natural — que se situava fora do paraíso — para viverem.

Contudo, nesse versículo, entendemos que o uso do plural majestático pelo redator bíblico evidenciava, tão somente, uma reflexão que a divindade teria feito consigo mesmo, ao constatar que suas criaturas estavam a caminho de possuir todos os poderes próprios da divindade — exceto o da vida eterna.

Mas uma tal reflexão evidencia o conceito sobre a divindade, predominando no período cultural em que vivia o redator: predominava um politeísmo, em que a divindade não era onisciente, onipresente, infinitamente bom e poderoso; estávamos na Jerusalém pós-exílica, do século V a.C., quando os sacerdotes do Templo intentavam implantar o monoteísmo javístico.

A desobediência à autoridade religiosa foi o pecado menor, dos dois seres; o desejo de ser autônomo foi o grande pecado, induzido pela serpente à Eva, e compartilhado por Adão. Esse é o ensinamento moral que o mito nos transmite. Mas há também o ensinamento histórico, fatual: o Deus (agora Yahweh, como hoje o conhecemos, academicamente), ao expulsá-los do paraíso, amaldiçoando-os com o trabalho insano, com as dores do parto e a submissão da mulher ao seu marido, introduzo sistema social do patriarcado. Assim, o *Homo sapiens* não mais pertence à horda matriarcal; formará a família e os clãs, vive a revolução cognitiva e se instrumentaliza para realizar a revolução agrícola.

De fato, como cocriadores que se tornaram com a emersão do Ego, Adão e Eva criarão a agricultura e o pastoreio das várias espécies animais, que serão domesticadas. Finalmente, criarão a divisão dos trabalhos, com a qual evoluirão celeremente em direção à sociedade de classes.

Imaginem! Quantos fatos querem nos contar os mitos!

A Bíblia é um livro tratando da fé religiosa: não busquemos, nela, descrições históricas circunstanciadas. Para fixarmos as ideias quanto à cronologia da evolução dos hominídeos em direção ao *Homo sapiens*, levaremos em conta a sequência a seguir, na qual estaremos considerando que a diferenciação do ramo dos chipanzés e gorilas em direção aos hominídeos já se completara, com o alongamento dos membros inferiores, encurtamento dos membros superiores, e a aquisição da postura ereta, com a consequente liberação dos membros superiores durante o caminhar, bem como a especialização nervosa das mãos.[17]

Podemos considerar a cronologia a seguir:

- A 1.700.000 anos a.C.: registros arqueológicos dos mais antigos fósseis de hominídeos (Australopitecídeos, agrupando diversas outras espécies correlatas).

- A 600.000 anos a.C.: primeiros fósseis dos Plessiantropos (*Homo habilis, Homo hidelberghensis, Homo capensis, Homo de madjokerto*). neste, constata-se ocorrerem as especializações:

  - Especialização da bacia das fêmeas, permitindo sua dilatação na ocasião do parto;

  - Aumento da caixa craniana e desenvolvimento cerebral progressivo.

- A 280.000 anos a.C.: descobertas recentes no Marrocos (África do Norte) de fósseis apresentando as características de *Homo sapiens*. Trata-se de comunicação recente (2017), dita ser proveniente da Universidade de Israel, mas a partir de imprensa não especializada.

- A 200.000 anos a.C.: fósseis do *Sinanthropus pekinensis*; dos *neandertaloides* de Saccopastore, de Monte Circeo, de Gibraltar e da Europa Central.

---

[17] De fato, trabalhos de Darwin mostraram que gorilas e chipanzés apresentavam muitas características musculares faciais semelhantes às dos humanos atuais, o que outros símios não apresentam. De forma brilhante — e muito antes que os restos fósseis dos primeiros hominídeos tenham sido descobertos na África do Sul —, Darwin já havia previsto que, se procurássemos local para o aparecimento dos homens, seria na África, única região onde existiam os chipanzés e gorilas (consequência lógica das suas pesquisas sobre músculos faciais).

- A 70.000 a.C.: fósseis do *Homo sapiens*, o homem moderno, tal como hoje os conhecemos (denominado por alguns paleoantropólogos de *Homo sapiens sapiens*).

Quanto à cronologia, notemos que há cerca de 1.700.000 anos, os hominídeos já constituíam um novo ramo, em evolução (os Australopitecídeos, um novo "phyla"), que não poderiam ser classificados como símios. As diferenças antropológicas que se instalavam com essas novas mutações, provavelmente, não afetavam tanto a aparência física das novas espécies, mas sobremodo agiam na preparação para a futura cerebralização daqueles seres.

II-1 – O pensar: ainda o mito de Adão e Eva

Poderíamos pensar que o mito de Adão e Eva — e sua expulsão do paraíso — se referiria a uma fase cultural posterior à emersão do Ego. De fato, a obediência, ou não, a uma determinação qualquer pressupõe o livre-arbítrio, portanto, um Ego já manifestado.

Assim sendo, Adão e Eva, quando vivendo no paraíso, já seriam dotados de personalidade egoica; daí porque a serpente (um agente mítico para representar a tentação) pôde induzir o desejo em Eva. Notemos que a decisão de Eva, quanto ao comer do fruto proibido, corresponde a uma decisão e mando matriarcal. Portanto, a "expulsão do paraíso" corresponderia à transição do matriarcado para o patriarcado. E, de fato, em Gênesis, 3:21-24, Yahweh castiga a mulher, colocando-a obediente ao seu homem (era criado o patriarcado!); e a condena a parir com muitas dores.

Seguir-se-á o mito de Caim e Abel, no relato bíblico; esse texto não evocará nada mais que a "revolução agrícola" e a domesticação dos animais, as quais se sucederão, caracterizando um novo período cultural. Pensamos que esse mito rememora o momento em que o *Homo sapiens* deixa a horda e as frátrias, matriarcais, organizando-se em famílias patriarcais. O assassinato de Caim evocaria a ação de dominação dos recursos produtivos por uma nova classe, a qual passará a dominar os recursos humanos gerados na nova sociedade em formação. Estamos, pois, no momento evolutivo para a criação do Totemismo, o que veremos no Título IV.

Figura 2.1 – O mito da expulsão do paraíso. Mito de origem Neolítica, sem possibilidade de datação. Crédito da imagem: domínio público, internet

A estruturação mental do *H. sapiens*, até então em franca evolução, permitiu-lhes se distinguirem uns dos outros, como individualidades que eram; permitiu a cada qual reconhecer-se diferente do resto da natureza; permitiu-lhes pensar reflexivamente, traduzindo o mundo que os cercava em imagens representativas; permitiu-lhes adquirir o sentido do tempo que passa, de forma igual para todos; finalmente, permitiu-lhes falar e se intercomunicar; enfim, permitiu-lhes refletir sobre o seu passado e sonhar com o seu amanhã! Ou seja, permitiu-lhes projetar o seu futuro.

É certo que a evolução psíquica não deixa vestígios de sua marcha, senão a partir dos produtos materiais da sua ação, como nos artefatos líticos, com ou sem gravações simbólicas; ou tais gravações realizadas sobre presas de mamutes, ou em ossos de animais de época; tornam-se ainda mais significativas nas pequenas esculturas femininas, em arenitos, ou na cabeça feminina esculpida em marfim. As figuras 2.2 a 2.4 a seguir reproduzem algumas dessas pequenas esculturas. O seu tamanho reduzido (4 a 20 cm de altura) indica a intencionalidade decerta portabilidade delas; além disso, o fato das pesquisas arqueológicas as terem encontrado em exemplares muito semelhantes, e espalhadas por vastas regiões desde o lago Baikal até a Cantábria, leva-nos a concluir: trata-se de peças votivas, de cultos não identificados, mas certamente ligados aos costumes do matriarcado. De qualquer forma que seja, essas esculturas demonstram ter havido, desde essa época, uma ideia de que haveria forças superiores às vontades e às possibilidades humanas e que aquelas representações seriam um meio de conjurá-las. Estamos, pois, diante de uma forma mística de pensar o mundo.

De fato, essa atitude se vê repetida nas pinturas rupestres da Dordonha (França) e de Altamira (Espanha).[18]

Além dessas evidências indiretas, outras, mais específicas, também indicarão o processo, como pelo exame das caixas cranianas fossilizadas, quanto aos seus volumes cerebrais e às marcas ósseas dos alojamentos das circunvoluções cerebrais, permitindo identificar a presença de zonas de atividades mentais específicas, mais evoluídas.

Verificou-se que tais manifestações passaram a ser mais frequentes, durante o período interglacial de Würm I e II.

Em outras palavras, na Europa, isso ocorreu no fim do período cultural do *musteriense*, e início do *achelense*, cerca de 40.000 a.C.; é o momento em que a indústria lítica dá um salto de criatividade, evoluindo da machadinha bruta, para as lascas de pequeno porte — raspadores e furadores de cerca de 2 a 3 cm —, sugerindo que outros materiais (madeira, couro, bambus, vimes) estariam sendo preparados para fins utilitários.[19]

Quando acervos como os citados demonstram o uso de técnicas mais complexas, articulando as forças naturais aos materiais disponíveis, visando produzir objetos e/ou efeitos que os instintos animais, por si só, não poderiam realizar, estaremos próximos à completude do processo de *hominização da fera*. O *Sinanthropus pekinensis* atingiu esse ponto, ao dominar o fogo: esse feito anunciava o fim do período cultural do Paleolítico Inferior. O *Homo sapiens*, ao surgir naquele cenário, anunciará o Paleolítico Superior, graças à sua capacidade de reflexão.

---

[18] Referimo-nos às ditas "Vênus de Willendorf" ou "Vênus de Brassempouy", representando os primeiros exemplos conhecidos de "Artes Visuais" produzidas pelo *Homo sapiens*, há cerca de 35.000 anos antes de nossa era. No seu tratamento como "Artes Visuais", esse assunto é extensamente tratado em: Arte nos Séculos, 1969, p. 13-38). Ver, também: BAZIN, Germain. *Historia del Arte*l.2. ed. Barcelona: Ediciones Ômega, 1961.

[19] BRODERICK, Alan Hougthon. *El Hombre Prehistorico*. 3ª reimpressão. México: Fondo de Cultura Economica, 1984, p. 58-88.

Figura 2.2 a 2.4: À esquerda: Foto 2.2 "Venus de Laussel"; à direita: Foto 2.3 "Venus de Villendorf"; em baixo: Foto 2.4 "Venus de Brasenpuouy"

É esta série de acontecimentos que o mito de Adão e Eva nos quer mostrar: em breve, o *H. sapiens* desenvolveria uma imagética peculiar, a partir das estatuetas xamânicas de matriarcas protetoras. E das pinturas rupestres de Altamira (Espanha) e da Dordonha (França)... Logo, a humanidade deixará de ser caçadora-coletora, nômade, para se tornar agricultora e pastora, sedentária, organizando-se em cidades, onde estenderia suas redes de ações e interações sociais.

O Paleolítico Superior, agora, é passado! Dirigimo-nos, celeremente, ao Mesolítico, ao Neolítico, e ao Calcolítico... Logo a espécie humana se tornará letrada e entrará nos períodos Históricos, registrados literalmente.

II-2 – As imagens primordiais

As evidências arqueológicas indicam que a vida psíquica dos Australopitecídeos não teria sido rica, não muito diversa daquela dos símios da linhagem divergente daquela da qual se originaram. Esse comportamento teria permanecido, enquanto a evolução do volume craniano desses seres permanecia entre 530 e 670 cm³, em números aproximados.[20]

As evidências arqueológicas também mostraram que o homem moderno (*Homo sapiens sapiens*) surgiu durante o primeiro terço da época geológica do Pleistoceno, derivado de um longo processo evolutivo anterior. Nesse processo, alguns acontecimentos devem ser ressaltados: 1) o aparecimento dos *Arcantropianos*, entre os quais o *Homo habilis*, o primeiro a produzir artefatos e ferramentas líticas, buscando potencializar as suas intervenções no meio que o circundava; 2) o desenvolvimento do senso de observação do *Homo habilis*, que, ao produzir suas ferramentas líticas, descobre a pedra de pederneira, um passo importante na direção da dominação do fogo; essa dominação se tornaria em elemento de poder e dominação entre os *Arcantropianos*, inclusive daqueles habitando as cavernas dolomíticas de Choukutien, próximo de Pequim;[21] 3) o aparecimento, entre os Arcantropianos, do *Sinanthropus pekinensis*, que estava entre os primeiros hominídeos a dominar o fogo, no continente Eurasiano Meridional; 4) no momento em que aparece, o *Homo sapiens* (nas suas três raças: *Cromagnon*,

---

[20] Segundo vários autores, os Australopitecídeos eram, em realidade, uma das "presas" das linhagens mais evoluídas dos Arcantropianos (*Pitecantropus erectus*, com 935 cm³ de volume craniano). Efetivamente, os fósseis dos Australopitecos nunca aparecem associados a qualquer indústria lítica, por mais arcaica que seja. Ver: LEROI-GOUHAN, 1981, p.64-69.

[21] Os crânios dos hominídeos aí encontrados — entre os quais o *Sinanthropus pekinensis* — revelavam uma capacidade craniana de 950 a 1.200 cm³.

Grimaldi e *Chancelade*) é encontrado em plena vida paleolítica, parecendo indicar que a sua máxima evolução corporal e mental estava prestes a ser atingida, e que o seu ponto de equilíbrio seria atingido com a variedade da raça dita *Homo sapiens sapiens*.

A descoberta das pinturas rupestres do período Paleolítico Superior, em cavernas (Grutas de Chabot, Lascaux, PechMerle, Trois-Frères, todas no Sudoeste da França, e a notável Altamira, na Cantábria espanhola), parece indicar que o desenvolvimento psíquico trazendo a diferenciação do "outro" fora universal, além de contemporâneo. Essas manifestações deram-se em função das necessidades do homem daquele tempo, impostas pela natureza que o envolvia, e que ele procurava superar, indicando-o a partir das imagens projetadas pelo seu inconsciente.

Por muito importante em nossas reflexões, convém lembrarmos que a capacidade para falar já estava presente nos *Australopitecídeos* e nos *Arcantropídeos*: eles possuíam um aparelho fonador em condições modernas, tal como demonstrado pelos achados arqueológicos.[22] A questão da fala se resumiria, pois, na presença, ou não, das condições psíquicas para o desenvolvimento de um sistema adequado de imagens simbólicas, com o imaginário correspondente em condições operativas. Isso indicaria ser necessário identificar o momento em que o hominídeo passou a entender a diferença entre ele e a natureza; entre ele e o "outro" em seu entorno; a noção espacial de uma cronologia ligando os acontecimentos sucessivos — passados, presentes e futuros — além dos conceitos de posições relativas no espaço e as distâncias entre elas ("em cima", "embaixo", "direita", "esquerda", além, aquém etc.).

A paleoantropologia não poderia estudar os comportamentos humanos arcaicos, senão pelas evidências indicadas pelos traços de atividades, deixados residualmente impressos. Entre esses traços, não só a indústria lítica, utilitária, como também a sua "arte" visual, que pode ter sido utilitária e/ou decorativa, mas sobremodo, propiciatória. No conjunto das "artes visuais", destacam-se as pequenas peças esculpidas em arenitos ou em marfim, de tamanhos variando de 4 a 20 cm de altura, representando figuras femininas, com toda a certeza, com fins votivos e propiciatórios. Da mesma forma, a "arte parietal", nas cavernas do Sudoeste francês e da

---

[22] Em algumas publicações técnicas atuais, fala-se em "genes" responsáveis pela fala: mostram os geneticistas que esses genes já estavam presentes nos *Antropianos*, e talvez já nos *Australopitecídeos*. não abordaremos esse tema, dado sentirmos a falta de informações seguras sobre ele.

Cantábria espanhola, ou em outras mais dessas regiões, com fins nitidamente propiciatórios e mágicos. Ressaltemos que essa última forma de "arte" — passada a "Idade do Gelo", durante o Mesolítico e até o Calcolítico — deixou as cavernas do Paleolítico Superior, se tornando em arte parietal impressa nos rochedos, em todos os cantos do mundo, onde o *H. sapiens* chegou após abandonar as cavernas. São os registros hoje denominados "Registros Rupestres", cujos objetivos ainda não nos são bastante claros, mas sugerem uma busca continuada de meios semióticos de intercomunicação social, entre iguais, na horda. Mas, possivelmente, uma primeira forma da busca de comunicação entre o mundo dos viventes e outro — o das "essências" das potestades que os assomavam — o que já prenunciava o despertar mental de um mundo "espiritual" (e, portanto, transcendente) no homem primitivo.

Mais recentemente, nova ferramenta interpretativa passou a ser usada para o entendimento dessa "História não escrita": trata-se do estudo da hereditariedade cultural dos povos iletrados, indiretamente levantada a partir dos traços de comportamentos que poderão estar registrados e preservados pela mitologia desses povos ancestrais.

Se considerarmos a constituição do aparelho psíquico humano, tal como o imaginou Sigmund Freud, será compreensível que o "ID" — região, ou estrutura cerebral responsável pelas emoções e pelas pulsões instintivas — já se encontrava presente nos hominídeos, já que é facilmente identificável nos chipanzés. Da mesma forma, estariam presentes (pelo menos!) porções daquela outra estrutura, que seria o Ego, na forma das funções psíquicas que levam ao arrebatamento pessoal, também presentes nos chipanzés, portanto em franca evolução nos australopitecídeos.

Será lícito concluirmos que, também, essa estruturação estaria em franco desenvolvimento nos arcantropídeos, na medida em que se via aumentado o seu volume cerebral.

E, tal como nos chipanzés atuais, veríamos desencadearem-se as emoções nos jogos sociais praticados pelas comunidades dos *H. sapiens* nas cavernas do Sudoeste da França e da Cantábria, onde o "faz de conta que..." seria o elemento condutor dos rituais mágicos, como o demonstram as pinturas rupestres na caverna de Trois-Frères, onde encontramos a impressionante e realista pintura do *"Feiticeiro"*, em atitude ritual, e que reproduzimos na figura 3.12, e que foi extraída de Campbell[23].

---

[23] CAMPBELL, 1992, p. 292-293.

A figura, datada de cerca de 20.000 a.C., pintada em uma das paredes da caverna referida, no Sul da França, é documento exemplar: o "xamã", coberto com uma pele e galhadas de um alce, em atitude ritual, parece dirigir-se aos expectadores, como se fora em um jogo social de nossa época (ver ilustração no Título III, imagem n.3 .3I).

Ao considerarmos os jogos do "faz de conta que...", estaremos tratando da geração prazerosa de imagens. Se esse acontecimento ocorre entre indivíduos no Paleolítico Superior, então estaremos tratando da geração de "imagens primordiais" (ou "arquétipos"), conceito elaborado por Carl G. Jung — baseado nas observações antropológicas anteriores, de Adolf Bastian — definindo-os como elementos estruturais do "Inconsciente Coletivo". Foram, também, chamados de *"imagens primordiais"*, porque são *formas pictóricas*, como que revestindo os impulsos instintivos, instalando-se no inconsciente dos indivíduos e se revelando à mente (ainda inconsciente, seja a da criança, ou a do *H. sapiens* primevo) em imagens que — como em sonhos ou fantasias — dão origem aos processos de reações e assimilações conscientes. As imagens (fantasias), em geral, têm sua origem próxima nos ritos elaborados a partir das necessidades vivenciais primevas; por isso mesmo, as fantasias são geradas coletivamente e, a partir do mecanismo identificador das imagens primordiais, só podem ser herdadas, associadas que foram a pulsões específicas (NEUMANN, 1995, p. 13, Introdução).

Isso posto, poderemos compreender o que seja o conceito de *Inconsciente Coletivo*: acredita-se ser aquela massa de informações necessárias, e mesmo indispensáveis, à vida em sociedade, e que se originam pela assimilação inconsciente da normatização natural da vida social em comunidade.

Compreenderemos, também, como se desenvolveram mitologias simples, posto se encontrar em evolução a capacidade de memorização, preexistente, bem como as novas capacidades de reflexão, autocrítica e ampliação da vida social.[24]

II-2-1 – Os jogos do "faz de conta que..."!

A capacidade de brincar com os jogos de "faz de conta que..." é um atributo deque a natureza dotou os animais da classe **mamalia**; mas não é um atributo exclusivamente humano. Jean Huizinga nos adverte sobre essa

---

[24] Para os paleoantropólogos, as linhas de descendência nos ligam aos primatas africanos da linhagem dos gorilas e chipanzés, mas não de outras espécies, como os orangotangos e gibões, do Sudeste Asiático. Nos chipanzés, encontramos um tão grande senso de brincar e expressões de arrebatamento e socialização no brincar que nos mostram estar, neles, presente um psiquismo que pode ser aproximado àquele relatado por LEO FROBENIU Sem uma criança que, brincando, passa a vivenciar a sua fantasia (CAMPBELL, 1992, p. 292-293).

questão, em seu livro *Homo Ludens*.[25] Além dessa advertência, e jogando com as palavras, ele observa que os sentimentos antropocentristas criam epítetos absolutamente ingênuos — embora descritivos — como *Homo sapiens* ou *Homo faber*, buscando caracterizar aspectos culturais do próprio homem. Nesse sentido, ele também poderia propor um epíteto cultural para o homem, pelo que o denominaria: *Homo Ludens*.

A sapiência (em outras palavras, a racionalidade) — nos lembra Huizinga — é atributo funcional humano, embora a habilidade de fabricação de artefatos não seja exclusivamente humana (a aranha tece a teia; a abelha, o favo; os pássaros, o seu ninho), assim como o *jogo* é comum aos mamíferos. Contudo, é forçoso notarmos: enquanto a habilidade animal de fazer objetos úteis, bem como a de brincar, estão presentes de forma instintiva nas espécies citadas, nos homens a habilidade de criar só se apresenta em estágios cerebrais evoluídos, dos arcantropídeos, aparecendo conjuntamente com a capacidade de julgar e prever.

O jogo é um comportamento funcional presente também nos animais: basta observar o comportamento de gatos e cães de baixa idade, que brincam alegremente. Parece que a alegria do brincar é a recompensa prazerosa desse ato. Nota-se que o brincar é um "faz de conta que..." continuado: de zanga, quando se está alegre; de subir, quando se desce; de deslocar-se para a direita, ir para a esquerda etc. Por outro lado, o jogo parece não ter outro fim específico, senão o de divertir. O jogo é comum aos mamíferos, mas não o observamos nos répteis, nos sáurios, ou nos insetos; portanto, o jogo parece estar dependente do estado de evolução cerebral da espécie.

Sendo comum aos animais e aos humanos, essa função não pode ser de natureza racional. Dessa forma, concluímos que o jogo não é fruto da cultura, pois que se manifesta em grupos animais que não dispõem de meios culturais. Por outro lado, entre os humanos, percebemos que o jogo determina a evolução cultural: é a primeira atuação imagética que podemos observar: criar imagens do mundo e das coisas é a forma básica do jogo de "faz de conta que...". Assim, ele não busca preencher as necessidades imediatas do viver, mas confere um sentido à ação do fazer. Tal atividade não é material, porque ultrapassa os limites das atividades físicas. Mas não se conforma a um mundo regido pelo acaso — um mundo determinista —, porque em tal mundo o jogo seria necessariamente supérfluo; mas, se não é determinista, será espiritual, e por isso ele só surge quando a evolução traz

---

[25] HUIZINGA, Johan. *Homo Ludens*: o jogo como elemento da cultura. 6. ed. São Paulo: Perspectiva, 2010, p. 1 e 2, Prefácio.

a capacidade de julgar e prever. Poderemos, então, considerar o homem primitivo gerando os novos sistemas de pensar o mundo a partir da magia e da mitologia, esses pensares nascendo de um constante praticar de "jogos sociais de faz de conta que…".

II-2-2 – Pensamento mágico, pensamento mítico e religião

A presença do *Homo sapiens*, apresentando todas as características do homem moderno, foi o grande acontecimento caracterizando o período cultural do Paleolítico Superior. Seus atributos psíquicos "explodem" em toda a sua diversidade, e se apresentam nas realizações líticas, como na estatuária, nas pinturas e nos baixos-relevos rupestres, bem como em signos, denunciadores do futuro surgimento de comunicação escrita. São evidências de uma imagética que vinha se potencializando, e que então encontrava o seu despertar.

Há que considerarmos o olhar desse homem, nos tempos primevos, sobre o mundo que o cercava: era, necessariamente, um olhar maravilhado, mítico, porque ainda não havia um conjunto de conhecimentos exatos, corporificados em princípios, lastreando o pensar racional. Portanto, seria uma visão que transformava o real e existencial em analogias fantasiosas e desejáveis, mágicas, buscando — não só explicar a vida corrente — mas também, e principalmente, fornecer os meios para a tranquilização dos seus temores; bem como para a resolução dos seus problemas, entre os quais o mais grave e premente: viver com segurança!

Por outro lado, ao se expandir, o seu psiquismo também desenvolveria todos os fenômenos de uma aculturação incipiente, inclusive criando uma fenomenologia mágica; porque, na experiência vivencial, ainda limitada, do homem primitivo, o "acontecimento inexplicável" — o *sobrenatural* — podia acontecer, e o seu controle se faria por meio das *potências sobrenaturais*, invisíveis, mas acessíveis a partir de pessoas especiais e determinados ritos e procederes. Assim, surgia a magia, cujos intermediários entre as "potências" e os homens eram os "xamãs", ou "feiticeiros".

E, nos novos níveis culturais que, em se formando, se seguirão ao Paleolítico Superior, na complexidade crescente das relações sociais estabelecidas nos grupos humanos, agora mais amplos, algumas mentes mais inquiridoras percebem que os rituais mágicos não têm poder efetivo sobre as forças da natureza, ou "potências sobrenaturais"! Criadas pelos seus pensamentos.

Essas mentes criam uma versão sofisticada de pensares, para explicar o mundo e a vida: as forças da natureza são controladas por "potências" transcendentes; essas "potências transcendentes" são personificadas, recebendo o nome de "deuses". Os deuses são caprichosos, como os seres humanos, e devem ser agradados para conduzirem as forças da natureza em benefício dos humanos. Agrada-se aos deuses por meio de ritos e oferendas propiciadoras, o que é conduzido pelos "sacerdotes".

Dessa forma, surgem as religiões, e poderemos estabelecer uma diferenciação entre magia e religião, em seu objetivo comum, que seria de influenciar os fenômenos naturais, em benefício do bem-estar dos seres humanos. A magia trabalharia com forças que seriam imanentes à natureza; a religião veneraria e operaria com forças transcendentes. Para o feiticeiro, o mundo é regido por leis bem-estabelecidas e inexoráveis; mas ele pode intervir no mundo, a partir seus métodos e influências, mudando o curso dos acontecimentos, em benefício de alguém; esse modo de intervir no mundo é arrogante e autossuficiente, contrastando com o modo do sacerdote religioso.

O sacerdote religioso, considerando que são os deuses que comandam as forças naturais, assumem a postura da obediência e da subalternidade, suplicando aos deuses a sua benignidade. São, portanto, irreconciliáveis essas duas posturas: o sacerdote e o xamã serão inimigos irreconciliáveis!

Constataremos, ainda, que em todos os ritos mágicos, bem como em todas as religiões (primitivas ou atuais), sempre se manifestarão certos elementos do "faz de conta...", este é, necessariamente, o agente provocador das mudanças do nível das emoções sensoriais ocorrendo durante as ritualísticas praticadas.

A evolução psíquica, levando às alterações de consciência refletida para a consciência que, subitamente, se abre ao inconsciente coletivo, representa a conquista definitiva e ampla do *Eu*, pelo homem primitivo. Encontramos, aí, um processo mental que se completa, e nele um mecanismo específico se apresentando: uma ideia em transformação em nível dos estados emotivos e da transferência dessa ideia para o plano da consciência refletida. É um processo inconsciente; mas, no psiquismo que se instalava, uma ideia sempre É; e por isso ela se TORNA. Afora o TORNAR-SE, ocorrendo em nível dos sentimentos, a realização de SER ocorre em nível do consciente. O espírito lúdico se junta à euforia do deslumbramento; o arrebatamento resultante autoriza a "veracidade" da IDEIA inicial.[26] Daí porque o uso de substâncias alucinógenas nos rituais de magia e em certos ritos religiosos: são facilitadores daqueles estados de consciência.

Permitamo-nos, neste ponto, uma reflexão metodológica, que consideramos da maior importância para a plena compreensão dessa fase do desenvolvimento do *H. sapiens*. Para os antropólogos e historiadores soviéticos (referimo-nos àqueles formados durante a permanência da União das Repúblicas Socialistas Soviéticas, a URSS, portanto, sob a influência do pensamento político marxista-leninista), e fiéis ao pensamento histórico hegel-marxista. Para estes, a progressão intelectual do homem primitivo, antes de ser uma causa, é uma decorrência do nascimento das *forças produtivas* no seio do clã.[27]

A nosso ver, será a adaptação das sociedades primitivas ao desenvolvimento do seu pensar em direção à racionalidade que, chocando-se com a realidade das novas necessidades de consumo do grupo, leva-o às novas atitudes comportamentais mais adequadas à realização das suas novas e emergentes necessidades. Denominar como *forças produtivas* a esse movimento interno do espírito humano em desenvolvimento é uma questão secundária, de nomenclatura. Mas é inegável que tal fenômeno tenha sido identificado por Karl Marx, pela primeira vez na história da humanidade.

Finalmente, e baseados na discussão anterior, poderemos dizer que, cronologicamente, a MAGIA é a primeira tentativa de explicação do mundo e das suas relações com a criação a surgir nas sociedades primitivas. Seguir-se-ia a criação de uma MITOLOGIA, como alternativa para a explicação do mundo, posto que as atitudes mágicas deixavam a desejar como entendimento, para os espíritos mais perquiridores, dos fenômenos que demarcavam o fim da era glacial. Finalmente, surgiriam as RELIGIÕES, com doutrinas e ritualísticas imaginadas adequadas e agradáveis aos deuses; mas, sobremodo, convenientes às classes dirigentes (então em formação na nova sociedade emergente), para o controle da posse e repartição dos excedentes agora disponíveis. Em decorrência da "revolução agropastoril" e da divisão do trabalho.

---

[26] HUIZINGA, Johan. *Homo Ludens*: o jogo como elemento da cultura. 6. ed. São Paulo: Perspectiva, 2010, *passim*.

[27] DIAKOV, V.; KOVALEV, S. (diretores). *História da Antiguidade*. 3 v.: A Sociedade Primitiva, O Oriente, Grécia e Roma. 3. ed. Lisboa: Editorial Estampa, 1976, v. I, p. 46-52.

TÍTULO III

O PENSAMENTO MÁGICO. AS POLICROMIAS PALEOLÍTICAS: UMA SEMIÓTICA PRIMEVA?

Neste texto, as *policromias paleolíticas* serão o mote, e o foco. Em sendo o mote, cumpre que as definamos, mesmo porque não é usual o emprego dessa expressão: **pinturas paleolíticas**, mais precisamente, *pinturas policrômicas sobre rochas*, que — além de gravações de signos, em baixo-relevo, pintadas ou não — são peças arqueológicas, geralmente encontrados em cavernas, e produzidas por grupos humanos que viveram há cerca de 25/30.000 anos antes de nossos dias. E essas pinturas rupestres são universais, pois estão presentes em todos os continentes; mas, de forma excepcionalmente expressivas e belas, foram encontradas na Espanha e na França.

Nesses dois países, estão presentes, particularmente, nas cavernas de Altamira (Montes Cantábricos, Norte da Espanha) e nas cavernas de *Lascaux, PechMerle, Chabot* e *Trois-Frères* (Sudoeste da França); são notáveis pinturas, realizadas há 20/25 milênios antes de nossa era.

As figuras que apresentaremos a seguir mostram algumas dessas pinturas: a figura 3.1, na caverna de Altamira, e as figuras 3.2 a 3.4, na caverna de Lascaux. Neste ensaio, elas serão tomadas como exemplos ilustrativos dessa arte, produzida pelos homens e mulheres que viveram durante o período cultural da humanidade a que denominamos como Paleolítico Superior.

Ressaltemos ter sido na caverna de Altamira, onde a expressividade das pinturas paleolíticas parece ter atingido o seu desenvolvimento estilístico mais requintado (ver figura 3.1). não obstante, mais adiante veremos que se trata de uma arte exclusivamente utilitária.

III-1 – Os registros rupestres: aparecimento e evolução

Consideremos, também, a figura 3.2, a qual reproduz um interessante achado arqueológico, encontrado na caverna de Lascaux. Ele será fundamental para o entendimento da finalidade das pinturas encontradas nessa caverna. Cerca de uma centena dessas peças foram encontradas com restos das preparações de pigmentos, também destinados às mesmas pinturas, naquela caverna.

Figuras 3.1 a 3.4 – Exemplos de arte rupestre em Altamira, Lascaux, Pech Merle e Chabot. Origem presumida: 25mil a.C.

Figura 3.5 – Em cima: porta-archote lavrado em pedra calcária. Artefato lítico encontrado na Caverna de Lascaux, França. Datação: 25º milênio a.C. Embaixo: mão humana empunhando um porta-archote, mostrando o seu tamanho relativo

Aquela quantidade de archotes encontrados, explicaria o seu emprego, dadas as condições de obscuridade dos locais trabalhados pelos artistas primitivos, que deviam ser muitos. Trata-se de um porta-archote típico, utilizado para a iluminação dos locais onde se realizavam os trabalhos. Daí podermos imaginar que as pinturas aí realizadas não foram obra de um "artista", isoladamente, mas de um grupo, que se dedicava a elas dividindo entre si as atividades: extração (realizada em outros locais) e preparação dos pigmentos (realizada na própria caverna), preparação dos locais das pinturas, realização dos entalhamentos e das pinturas finais, como é sugerido por esses achados.

Ainda que pudéssemos imaginar esta centena de archotes acesos simultaneamente, para que uma pequena multidão pudesse se deleitar, apreciando aquelas pinturas, não haveria, ali, condições de oxigenação para se manterem, acesos, todos os archotes; e, em tais condições, manter com vida tal população.

Em realidade, esses archotes seriam manuseados, apenas, por grupos desses "artistas-xamãs", que realizariam aquelas pinturas pouco a pouco; eles teriam como objetivos os seus propósitos mágicos.

A expressão vocabular "arte rupestre" abrange um conjunto de representações de animais e signos simbólicos — em pinturas monocrômicas e/ou policrômicas, ou ainda em gravações de baixos-relevos, frequentemente pintadas, todas elas realizadas sobre rochas. A rigor, quando falamos em "arte rupestre", esse último vocábulo (do latim: *rupes, is*, significando "*implantado sobre rochas*")[28] qualifica o substantivo "arte", dando um significado preciso à expressão, a qual se torna, imediatamente, assimilada como *"realização, sobre rochas, do espiritualmente belo, para o encantamento dos que a apreciam"*. Assim, na expressão "arte rupestre", ficaria impresso um juízo de valor, daquilo que foi criado após os tempos da Idade Moderna. Tal juízo seria inteiramente falsos e aplicado à arte rupestre da qual aqui estamos tratando, porque tal conceituação estaria, então, aplicada às atitudes intelectuais geradas em um momento em que "ARTE" não era um conceito usual, nem compreensível naquele meio em formação cultural, ainda primitivo e em estado inicial da sua gestação psíquica.

Apoiados em argumentação semelhante, a Associação Brasileira de Arte Rupestre (Abar) tem recomendado sejam referidas como "*registros rupestres*" as pinturas e as gravações pré-históricas encontradas em todos os continentes, sempre impregnados de valores antropológicos e etnográficos, cujos significados cumpre-nos estudar, com o fim de entendê-los em sua intencionalidade original.

Por outro lado, tanto em nosso entendimento quanto no pensamento de historiadores da arte, como Germain Bazin expressou na sua importante *Historia Del Arte*, seguramente, a *"arte pela arte"* não seria uma dessas intencionalidades, que estivesse presente no mundo intelectual paleolítico.[29]

---

[28] FIGUEIREDO, Cândido de. *Novo Dicionário da Língua Portuguesa*.7. ed. Rio de Janeiro: Livraria Jackson, 195[?]. verbete à p. 877, v. II.

[29] BAZIN, Germain. *Historia del Arte*. Barcelona: Editorial Ômega, 1961, p.15.

Decorre da argumentação apresentada que a arte produzida nas cavernas teria sido uma "arte utilitária", ou seja, produzida para atender a necessidades imediatas dos grupos humanos que as produziam, e jamais para fins de entretenimento ou qualquer outra forma de lazer e fruição. Contudo, essa arte — cujas manifestações, a partir de agora, denominaremos de **registros rupestres** — continuará a ser praticada, mas, agora, com novas características culturais, porque o meio ambiente também se transformará radicalmente: em 17.000 a.C., as geleiras que cobriam ambos os hemisférios terrestres, até perto dos paralelos de 25°N e 25°S, passam a recuar em direção aos círculos polares.

Por oportuno, ressaltemos que essa mudança climática (o degelo das latitudes maiores de 25°) ter-se-ia processado sob o efeito de chuvas torrenciais continuadas. As memórias orais desse período, mais tarde registradas cursivamente — entre outras, nas memórias sacerdotais judaicas, registradas no Pentateuco —, fazem referência mítica a um "dilúvio".

Figura 3.6 – Signos. Lascaux. Paredes externas. Data provável: após o 25° milênio a.C.

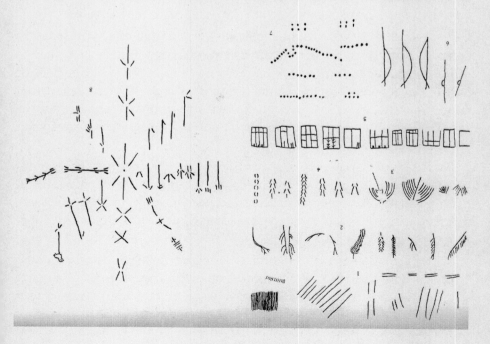

A memória sacerdotal judaica é perversa e escatológica, porquanto mostra o "dilúvio" como um castigo da deidade (Yahweh, ou Eloim, segundo as duas versões identificadas do Gênesis), arrependida da sua criação, "dada a maldade que os descendentes de Adão e Eva traziam nos seus corações".

De fato, entre 17.000 e 6.000 a.C., as condições climáticas e ambientais, no planeta, modificaram-se radicalmente: terminava o estado de "Idade do Gelo"[30] que dominara a Terra nos últimos 650.000 anos. O nível médio dos mares se elevava progressivamente, e por mais de 100 metros, até os níveis atuais. E todo o ambiente terrestre se adaptaria às novas condições climáticas, favorecendo enormemente as práticas agropecuárias.

Nessas novas condições ambientais, entre 17.000 e 6.000 a.C., povos muito antigos continuaram a produzir arte, agora em novas atitudes culturais de uma evolução psíquica que os conduziriam ao período cultural Mesolítico.

As cavernas são abandonadas e os registros rupestres serão realizados ao ar livre. Um dos notáveis exemplos dessa evolução é encontrado, ainda em Lascaux (Sudoeste da França), mas nas paredes mais externas e é mostrado na figura 3.6. Notemos que se trata de símbolos, cujo significado nos escapa, mas que parece um ensaio para a aquisição de um novo meio de comunicação; o conjunto nos aparece como se fora um "dicionário" de símbolos.

Agora, nos registros mais recentes, eles não mais se apresentarão como arte utilitária, representando os grandes animais. Firmar-se-iam as representações na forma de pessoas, sempre em suas atividades sociais; de pesca e de caça aos pequenos animais, alguns deles que tenderão a se tornar domésticos. Registrar-se-ão, também, cenas de combates (provavelmente, intertribais), o que denuncia um certo estado de relacionamentos sociais até então raros.

Esse tipo de representação assume um novo estilo pictórico, monocromático, em que os homens são representados em uma técnica que foi denominada de "homens-palito"; contudo, nelas, distinguem-se as mulheres, porque são representadas com pernas longas e elegantes, e quadris exuberantes (ver figuras 3.8 a 3.12).

De um modo geral, as figuras são longas e flexíveis, e representadas em cenas da sua vida social nas aldeias, ou de caça, ou de pesca. Na figura 3.7, constatamos o uso do dardo para a pesca, ou talvez continuasse a ser usado nas lutas intertribais. Observemos na figura 3.9 (conhecida como a

---

[30] BRODERICK, Alan Houghton. *El Hombre Prehistorico*. 3ª reimpressão. México: Fondo de Cultura Economica, 1984.

"Senhora Branca") um momento do período cultural do Protoneolítico; a figura, porém, parece representar um homem — provavelmente, uma espécie de "rei-deus", em meio a um ritual típico dos povos capistranos, daquela cultura, que se formara na Rodésia (África Austral, atuais Zâmbia e Zimbábue). Além de nos apercebermos de uma evolução na representação dos homens — deixando a técnica do homem-palito —, também notamos que as cabras já eram animais domesticados.

Figura 3.7 – Pesca com dardo (6.000 a.C.)

Figura 3.8 – Mulheres conversando (6.000 a.C.)

Nas cenas de caça (figura 3.10, a seguir), nota-se que os cães já eram companheiros de caça, portanto, já domesticados. Percebemos, também, que os armamentos pessoais haviam evoluído: arcos e flechas haviam sido inventados.

A invenção se dera entre o 7° e o 6° milênios a.C. Notemos, ainda, a presença de um lagarto, discretamente apresentado na figura, mas que nada tema ver com a ação da caça ali representada. Acreditamos que esse lagarto seja um símbolo totêmico[31] e se refira ao caçador: ele seria um membro do "clã fundado pelos lagartos", como simbolizando a rapidez e agilidade apresentadas na pessoa do próprio caçador (reparar como essas agilidade e rapidez são representadas pelos movimentos dos pés do caçador). as representações ligadas ao totemismo serão abordadas no Título IV deste livro.

Figura 3.9 – Cena de aldeia (data provável: 6.000 a.C., Rodésia, África)

A "Senhora Branca", Rodésia.

---

[31] O Totemismo será abordado no Título IV.

Figura 3.10 – Cena de caçada, com cachorro auxiliando (data provável: 6.000 a.C., Rodésia)

Além disso, a lança ou dardo (figura 3.7) deixara de ser arma de caça e de guerra, sendo progressivamente substituída pelos arcos e flechas, como mostra a figura 3.11, retratando um conflito intertribal.

Figura 3.11 – Cena de luta, provavelmente intertribal, com ausência de dardos; com arco e flechas (origem e data prováveis: Rodésia, 6.000 a.C.)

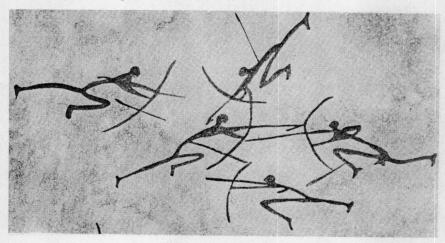

No período Paleolítico Superior, a ausência de representações da natureza geográfica e vegetal, assim como a representação da figura humana, em forma tão simbólica como a de traços negros, retilíneos, quando comparada com o estilo realista de representação dos animais, conduz a várias indagações: a) por que a natureza (vegetais e acidentes geográficos) nunca eram representados nas pinturas paleolíticas?; b) por que a figura humana, quando representada, o era em estilo tão simplório, como na forma pictórica simplificada, antecedendo a dita técnica dos "homens-palitos"? É o que procuraremos compreender, no próximo capítulo.

III-1-1 – As imagens de um ser humano

Uma primeira ideia que nos ocorrerá é que o psiquismo do homem primitivo o conduziria a representar, preferencialmente, as imagens do indispensável à sua sobrevivência imediata.

Quanto às figuras humanas, poderíamos pensar que ainda não se desenvolvera, adequadamente, a percepção imagética de si mesmo. Por isso, a representação da figura humana permaneceria simplificada até o 6º milênio a.C., conforme mostrado pelas figuras vistas anteriormente.

É de se ressaltar que as figuras apresentadas reproduzem registros rupestres encontrados na África do Norte e datado de 6.000 a.C., portanto, no fim do período Neolítico.

Ressalte-se que foi no decurso desse sexto milênio que o arco e flecha, como arma de caça e ataque, foram inventados.

Contudo, embora essa observação possa ter alguma consistência, consideremos a figura 3.12, a qual reproduz uma pintura rupestre encontrada na caverna Trois-Frères, no Sudoeste da França, e datada de 20.000 a.C. Ela é conhecida como "O Feiticeiro de Trois-Frères" e representa um xamã, recoberto com a pele de um alce, em posição característica de uma dança ritual. A figura mostra que, desde a época da sua criação, já havia a capacidade plena de representação da figura humana em estilo realista. O uso do estilo "homem-palito" deve-se a outras razões. Em particular, o "pensamento mágico" do homem primitivo, o qual reservaria aquele estilo, o "realista", exclusivamente para a comunicação com o seu mundo mágico, em uma verdadeira "semiótica primitiva", a partir da qual transmitiria àquele mundo mágico as suas maiores necessidades e desejos.

III-2 – O pensamento mágico

Uma nova pergunta se colocará neste ponto: que sorte de racionalidade sustentará essa hipótese de uma "semiótica primeva"? Para respondê-la, lembremo-nos dos estudos antropológicos de Lucen Lévy-Bruhl.[32]

---

[32] LÉVY-BRUHL, Lucien. *Le surnaturel et la nature dans la mentalité primitive*. Paris: PUF, 1963.

Lévy-Bruhl, em seu marcante estudo *O Sobrenatural e a Natureza na mentalidade primitiva*, considera que a mentalidade do homem primitivo não lhe permitia estabelecer uma distinção de categorias, entre o natural e o sobrenatural. Dessa forma, não haveria distinção intelectual entre os seres naturais, visíveis, e os seres invisíveis, gerados no seu *misticismo* incipiente: o conjunto dos seres visíveis seria parte integrante do conjunto dos seres invisíveis, e esses últimos não deixando de ter uma realidade tão concreta como aqueles outros.

Essa seria a essência de uma crença em que existiriam forças naturais e entes vivos, não visíveis, que poderiam orientar os acontecimentos gerados pelos agentes naturais; os seres vivos e invisíveis seriam a "essência vital" que comunica a vida, tanto aos humanos quanto aos animais; e todos aqueles seres ideais teriam poderes para influir sobre os agentes naturais, que animam o mundo visível.

A procura intelectual de uma forma de comunicação entre os mundos dos viventes, visíveis, com o mundo dos outros viventes, mas seres invisíveis, conduziria ao aparecimento da **magia**. A partir dos seus rituais e práticas mágicas, seria garantida a comunicação entre os viventes e as forças sobrenaturais governadas pelos seres invisíveis, e que ordenariam o mundo. Em tal contexto, as pinturas rupestres, parietais, representam uma das formas rituais de comunicar aos seres invisíveis as necessidades e os benefícios solicitados pelos caçadores, em suas atividades para a sobrevivência do seu grupo. Todos esses desejos se cristalizariam, e se apresentariam sob a forma de **magia propiciatória**, emergindo do seu psiquismo, que ainda não dominava a razão, não distinguindo o mundo real do mundo imaginário.

Anteriormente, comentamos sobre a representação da figura humana nos registros rupestres do Protoneolítico; e enfatizamos o fato de que, sempre, elas eram realizadas em um estilo que, hoje, qualificaríamos como *abstrato*. Contudo, é instrutivo seja enfatizado: apenas eram representados os animais apresentando certo valor alimentar, para a sobrevivência dos grupos humanos. Não obstante, nas pinturas das cavernas do sudoeste francês, e com certa frequência, as figuras humanas também eram representadas; embora representadas de forma esquemática, não detalhadas, e sempre em momentos de tensão social, seja em caçadas, seja em guerras; também em danças, que poderiam ser lúdicas, ou propiciatórias.

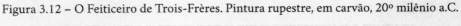

Figura 3.12 – O Feiticeiro de Trois-Frères. Pintura rupestre, em carvão, 20º milênio a.C.

O feiticeiro de Trois Frères.

À medida que a datação dessas figuras se aproxima do período cultural do Protoneolítico, vemos que aquelas representações evoluíam para um estilo que se tornava figurativo e realista, como mostra a figura 3.12.

Ficou claro que o estilo realista de representação da natureza era reservado para os fins da comunicação mágica. À medida que a sociedade evoluía para o estágio sedentário, de pastores-agricultores, aquela forma de comunicação tendia a desaparecer. Certamente, essa visão da evolução psíquica do *Homo sapiens* é geral e universal, embora estivesse longe de ser linear: verificamos que, no início do período cultural "aurinhacense" (cerca de 25.000 a.C.), desde a região cantábrica, atravessando o sudoeste francês e indo até as planícies da Sibéria, encontramos uma série de esculturas em arenitos, em marfim de presas de mamutes, ou em rochas calcárias, muito peculiares: figuras humanas, mas sempre representando mulheres.

HOMO CREATOR: PENSANDO UM MUNDO EMERGENTE — UMA HISTÓRIA

Na figura 2.4, reproduzimos a conhecida *Vênus de Brasempouy*, pequena cabeça em marfim, com cerca de 11 cm de altura, encontrada em *Saint-Germain-en-Laye*, na França. Nessa escultura, podemos observar a precisão do talho do artista, em estilo absolutamente realista; em particular quanto ao perfil da mulher retratada: a solução de estilização dos cabelos é singular, mas o restante do corpo se perdeu, ou jamais teria sido esculpido. Contudo, dificilmente poderemos saber qual teria sido a destinação, ou o propósito, dessa escultura.

Ao contrário dessa primeira escultura, as figuras 2.2 e 2.3, exposta no TÍTILO II, mostram, respectivamente, as denominadas *Vênus de Laussel* (Dordonha, França) e *Vênus de Willendorf* (Áustria). Em ambas, vemos a idealização da mulher, seguramente ligada ao matriarcado. Nas figuras 2.4 e 2.5 (Também expostas no TÍTULO II) a mulher é apresentada numa visão cultural construída pelo mundo psíquico do Paleolítico Superior: a forma de mulher, idealizada, com o ventre gerador da vida e os seios nutridores, exageradamente representados; era representação que se ligava e reafirmava os valores do matriarcado, como forma de organização social, então dominando no momento da transição social da horda para os clãs. Mais do que uma figuração de uma mulher, essas imagens querem transmitir um pensamento complexo, sobre uma realidade, também complexa; o que o artista queria, mais do que descrever e representar a figura humana, seria fazê-la ser compreendida, aceita e prestigiada pelas forças que governavam o mundo, naquele estado de procriação; favorecê-la naquele instante cultural.

Em outras palavras, o Ser primitivo precisava traduzir, em imagens, aquilo que, para ele, era incompreensível: as forças da natureza que agem em torno dele, e que o geram; e que sobre ele se abatem.

Intuitivamente, o *"sapiens"* sente ser necessário e indispensável canalizar essas forças naturais, em benefício da sua sobrevivência. Por isso, os amuletos e talismãs, portáteis e que enfeitavam os altares votivos das primeiras habitações. E essas estatuetas não seriam mais que talismãs do matriarcado, produtos portadores de desejos solicitados às forças da natureza, a partir do "pensamento mágico".

Imaginemos como se manifestaria o "mundo mágico", no mundo dos *"sapiens"* do Paleolítico Superior. Nas sociedades primitivas, de caçadores e coletores, quando ainda não fora despertada a prática das reflexões mais incisivas, capazes de modular (e, logo após, até mudar radicalmente) o curso natural das suas vidas; imaginemos as suas crenças: envolveriam uma representação estupefata e assombrosa da natureza que os envolvia. Não a poderiam entender, senão como mágica! Eles possuíam todo um potencial de racionalidade reflexiva; mas seu arquivo de memórias ainda estava por ser preenchido de experiências do viver!

Não obstante, acreditamos que a comunicação oral — certamente não dominada entre os primeiros hominídeos — teria surgido, entre os *Homo sapiens*, com o "despertar do Ego", acontecimento da maior importância, e também denominado como a "revolução cognitiva".

Então, como poderia ser estabelecida uma comunicação proveitosa entre aqueles dois mundos — ambos diuturnamente vivenciados, como o demonstrou Lucien Lévy-Bruhl (Ver nota de rodapé n. 40). Essa comunicação deveria, de modo eficaz, fazer superar o medo, pânico presente nas suas apavorantes vivências (que os "*sapiens*" ainda não compreendiam).

Quer seja nos momentos de reuniões do grupo, ao ar livre; quer seja abrigados das tormentas naturais, quando praticando passatempos ancestrais (jogos de faz de conta que...); quer seja quando acossados pelas terríveis nevascas, ou assustados pelos cataclismos vulcânicos, alguns dentre eles eram possuidores de maior sensibilidade ao êxtase, entrariam em transe hipnótico, com visões surpreendentes: seriam eles, bem como as mulheres mais sensíveis, dotados das qualidades especiais, os mediadores entre o grupo e as potestades, inacessíveis ao mando dos seus membros sem aqueles poderes. Surgiam, assim, as práticas do que se denominou de MAGIA.

A MAGIA consistirá, pois, no conjunto dos meios — invocações e ritualísticas — que favoreceriam a comunicação dos seres visíveis com os seres invisíveis, de forma a induzir aqueles últimos a agirem em proveito dos primeiros.

Como a indução é feita por seres humanos, especialmente sensíveis, e como estes, desde os tempos primitivos, têm um caráter moral que poderia ser voltado ao bem comum ou à maldade contra alguém ou alguma coisa, a magia também poderá ser voltada para as boas ou as más práticas.

As pessoas sensíveis, propensas aos estados de transes hipnóticos, serão denominadas "xamãs", ou *feiticeiros*. Entendemos que as imagens que o inconsciente do xamã libera, por ocasião dos seus transes, envolverão animais respeitados e evitados pelo grupo (por experiências anteriores, estampadas no inconsciente coletivo do grupo), por sua força e capacidade de mudar o curso da vidados membros dessa sociedade primitiva, tais como as cobras, os leões e tigres, bem como os touros e bisões, ou as poderosas aves de rapina, cujo voar na imensidão do espaço já seria, por si, um ato mágico.[33]

Por oportuno, ressaltemos: no pensamento mágico, não haveria — como não há atualmente — qualquer relação com a TRANSCENDÊNCIA. A transcendência qualifica tudo aquilo que ultrapassa os limites do que é natural (no caso de uma interpretação do mundo natural, um ente de pensamento, sem existência material). Fundamentalmente, a magia é uma forma de pensamento TECNOLÓGICO, na qual são desenvolvidos os meios para a articulação das forças naturais para que possam produzir um benefício à ação humana. Nele, não há a presença de "deuses" ou forças ideais, divinas, que comandem, de forma milagrosa, a natureza.

Tais formas de pensar o mundo surgirão posteriormente e com o conceito do "sagrado", opondo-se ao profano. Os conceitos do sagrado — oposto ao profano — embasam o "pensamento religioso". Este será objeto da nossa atenção em outro título.

No momento, cumpre-nos ressaltar a total incompatibilidade entre as vertentes mágica e religiosa, do pensar especulativo. Porque o pensamento religião é uma forma do pensar que se edifica sobre o conceito do DIVINO, conceituação gerada a partir de uma particular estruturação do psiquismo do *H. sapiens*. O divino só é concebível diante de uma dicotomia: o SAGRADO contrapondo-se ao PROFANO. Decorrerá daí que a criação da MAGIA precede, necessariamente, tanto a criação da mitologia quanto as religiões, posto que essas duas últimas atitudes intelectuais exigiriam o conceito metafísico de *TRANSCENDÊNCIA*, inteiramente assimilado, para que fossem intelectualmente concebidas. Não é do propósito deste ensaio estudar a magia em todos os seus aspectos. Para os interessados nessa temática, sugerimos consultar o trabalho, singelo, muito preciso, de Paula MONTEIRO, *Magia e Pensamento mágico*, São Paulo, Editora Ática, 1986.

III-3 – A arte paleolítica: ritualística da magia primeva?

As primeiras manifestações conhecidas da arte da estatuária representam mulheres. São estatuetas esculpidas em arenitos, rochas calcárias, ou em marfim de presas de mamutes; elas se originam em vasta área compreendida entre as montanhas da Cantábria (Espanha), e até às margens do

---

[33] Lembremo-nos do mito grego de Dédalo e Ícaro, procurando voar, como os pássaros, e ao qual retornaremos no momento oportuno.

lago Baikal, ao Sudeste da Sibéria (*grosso modo*, entre os paralelos de 30°N a 50°N). são peças originadas de um período da cultura dito "*aurinhacense*", ou seja, do início do Paleolítico Superior. Constata-se que a produção desses artefatos, líticos ou ósseos, foi generalizada, tal é a quantidade que tem sido encontrada nos sítios arqueológicos, os mais afastados. São peças de pequeno porte, medindo de 3 cm a, no máximo, 30 cm, denotando grande habilidade manual e criatividade dos seus executores (ver figuras 2.2, 2.3 e 2.4).

Essas estatuetas representam cabeças femininas, com detalhes representativos de suas cabeleiras, mas sem detalhamentos do rosto, salvo no delineamento do seu perfil, às vezes evidenciando um queixo pouco proeminente, quase ausente. Nas estatuetas maiores, a mulher é representada com nádegas, ventre e seios exageradamente volumosos, pouco naturais. Contudo a combinação, suavemente concordante, das curvas definindo os volumes escultóricos sugere ter sido intencional a representação adotada.

O que pensar da manifestação de criatividade assim orientada? Se, nas pequeninas estatuetas em marfim, poderíamos identificar inequívocas manifestações estéticas, nas estatuetas maiores, não o encontramos. Nestas, fica evidenciado que os "*sapiens*" que as produziram eram *sapiens* muito desenvolvidos psiquicamente, além de bem-sucedidos naquela fase de auto-conhecimento e expansão das suas necessidades (e dos temores-pânicos!) manifestados por meio do seu próprio corpo.

Não podemos deixar de ligar essas estatuetas à expansão africana dos *Homo sapiens*, iniciada no 70° milênio antes da nossa era, alcançando o subcontinente indiano; e que, da Índia, tomou a direção Noroeste, chegando ao mar Cáspio; e, daí, para o Oeste, ocupando, progressivamente, as regiões hoje denominadas Europa e Oriente Próximo.

As formas e tamanhos dessas estatuetas femininas sugerem que, no decurso dessa expansão cultural, teriam sido produzidas como formas de amuletos propiciatórios; e, de alguma forma, foram ligadas às concepções do matriarcado, além das manifestações mágicas. São formas de interação com o mundo, manifestando-se naqueles grupos — germens de sociedades incipientes.

Contudo, nenhum objeto lítico, ou ósseo, apresentando gravações com simbolismos relacionados às atitudes puramente estéticas (por exemplo, paisagens naturais), datando de antes do período cultural do *aurinhacense* (ou seja, entre os períodos glaciais de Würm I e II), jamais foi encontrado. As estatuetas femininas aparecem a partir desse período cultural, vale dizer, aproximadamente, 40.000 a 30.000 a.C.[34]

---

[34] CAMPBELL, 1992, p. 291-3.

HOMO CREATOR: PENSANDO UM MUNDO EMERGENTE — UMA HISTÓRIA

Essa última constatação significa que, muito provavelmente, foi durante algum momento do final do Paleolítico Inferior que as estruturas psíquicas do *Homo sapiens* se desenvolveram notavelmente, apresentando-se potencialmente completas, prontas e acabadas para a criação intelectual.

De fato, em nível da estruturação neuronal do seu cérebro, performances mentais que se estendiam dos raciocínios os mais simples às intuições de genialidades e realizaram, como o demonstram essas estatuetas.

O aparecimento de casos fortuitos de genialidade — estamos pensando no caso das pinturas rupestres, tais como as policromias de Altamira, de Lascaux, de PechMerle, bem como outras tantas, no Oeste da África Meridional — Denuncia a potencialidade mental disponível para a evolução cultural. Mas esclareçamos: entendemos ser a genialidade, a capacidade de intuir, sentir, interpretar e realizar aqueles pensamentos que, até então, estavam naturalmente velados para outros indivíduos da mesma origem e nível cultural que o "gênio". Essa maneira de ser e de realizar-se indica aquela situação evolutiva; mesmo porque o "gênio" não realiza, em si mesmo, todo o conhecimento disponível, mas tão somente aqueles que estavam restritos à questão em que se manifestou.

Não pensamos que as pinturas rupestres do Paleolítico Superior tenham sido casos de pura manifestação dos sentimentos artísticos, como manifestações primevas da "arte pela arte". Certamente, há um sentido utilitário na arte parietal primitiva, sentimento esse que buscaremos recuperar.

Em título anterior, relatáramos uma forma de passatempo que, provavelmente, seria adotada pelos grupos primitivos, em seus momentos de sociabilidade. A experiência antropológica, observando vários grupos humanos, mostra que, no ato de brincar (cantar, dançar, teatralizar o mundo, invocar), desencadeiam-se energias insuspeitadas, no grupo que brinca. Novos e fascinantes estímulos são despertados, unindo o grupo em torno de ações livremente esboçadas, como aquelas estimulando sejam as especulações puramente intelectuais e racionais, sejam as especulações metafísicas e transcendentais.

Essas experiências não teriam sido diferentes, para o *Homo sapiens*, vivendo durante o Paleolítico Superior. Podemos imaginá-los, o grupo reunido em torno dos seus pontos de reunião (que, eventualmente, mas nem sempre, seriam as cavernas — apenas para abrigá-los da inclemência dos invernos), cantando e dançando em passatempos vários, entre os quais buscariam novas atitudes de representação do mundo sensível; mas, também, poderiam buscar ligações de acesso às potestades invisíveis, comandando a vida diuturna; nesse caso em particular, procurariam acesso aos estados *post-mortem*, com os seus iguais, dignos da sua admiração e invocação, bem como dos animais que teriam abatido, por necessidades diversas. Esses estímulos — complementados, ou não, pelo uso de substâncias de efeitos alucinógenos, ou até enteógenos — conduziriam os indivíduos mais sensíveis aos estados mentais em que, libertos da "tirania das realidades imanentes", todas impostas pelo seu "Ego", mergulhariam em experiências de sensações inusitadas, nessas circunstâncias, liberadas pelo seu *Inconsciente*. Tais sensações, nas quais permanecerão enquanto durar o seu transe hipnótico, na ausência de explicações mais eficazes, seriam tomadas como realizações *mágicas* — porta de acesso a outras realidades habitualmente inacessíveis ao comum dos seres, como o mundo dos mortos e das potestades, e também à criatividade das representações artísticas.

Contudo, o acesso pleno àquele mundo não era permitido a todos, mas somente aos seres mais sensíveis, que se tornaram em *Feiticeiros*, ou *Xamãs*, ou seja, os intermediários entre o mundo material, de todos os viventes, e um outro mundo, habitado por toda sorte de espíritos; não só os espíritos dos humanos mortos, mas também das "essências" dos animais mortos pelos caçadores; e daquelas que comandavam as manifestações dos poderes cósmicos.

Contudo, que se faça uma advertência: é certo que o homem primitivo entendia como "espíritos" a quaisquer fenômenos que se manifestassem, independentemente de suas eventuais ligações com as propriedades da matéria viva, mas cridas como podendo agir sobre esta. É um conceito que se distancia fundamentalmente do atual: entendemos que o ESPÍRITO seja aquela propriedade da matéria viva e organizada resultante da atuação do cérebro humano, e que permite ao seu portador ter consciência de que vive como ser independente do mundo que o cerca. Não é, pois, a ALMA, que esse é um conceito judaico-cristão, teísta e, portanto, transcendente. Neste momento, está fora dos nossos propósitos discuti-lo.[35]

Seria esse mundo dicotômico — do SAGRADO e do PROFANO — aquele que, bem mais tarde, em fins do 5º milênio ou início do 4º milênio a.C., seria intelectualmente criado, determinando uma orientação fundamental às culturas religiosas universais, nos tempos modernos. É um pensar de alta complexidade, em que são contrapostos dois mundos: o mundo

---

[35] Ver: Enciclopédia Universal. São Paulo: Editora Pedagógica Brasileira, 1969. Verbete: ALMA, v. I, p. 182.

PROFANO — mundo natural — colocado em contraposição a um mundo ideal — o SAGRADO — miticamente criado, no qual vivem e operam os seres gerados pela imaginação mística dos *Homo sapiens*.

Mas, nesses momentos culturais do Paleolítico, ainda não podemos falar em "forças demoníacas", como nos sugerem algumas interpretações modernas daqueles rituais: quando o homem primitivo teria adquirido os conceitos de "forças" e "personagens" que, hoje, agrupamos dentro do conceito de "transcendência"? De fato, não o sabemos. Contudo, procuraremos uma possível resposta nos títulos que se seguirão.

Antes, porém, ressaltemos que a atitude mental regendo as cerimônias mágico- propiciatórias entre os povos primitivos — a feição daquelas vivenciadas entre várias tribos primitivas a que podemos ter acesso — mostra que tais cerimônias não se realizam como total ilusão: há uma consciência subjacente de que, embora considerando que as coisas que estão ocorrendo não são reais, no entanto, são tomadas "como se fossem" reais (é nessa distorção do real que se manifesta o "faz de conta que..."). É um fenômeno ocorrendo em estágios mentais em que a imaginação e a fantasia ainda se sobrepõem à razão; é fenômeno que preside a criação artística em qualquer momento histórico em que ela se apresente e, portanto, já estaria presente nos momentos da criação daquelas "Vênus primevas" e da arte rupestre paleolítica.

A experiência do arrebatamento, ocorrendo a uma criança, durante uma brincadeira com palitos de madeira, um dos quais, subitamente, se torna em uma bruxa, foi relatada por Leo Frobenius; ela pode ser comparada com uma experiência de invocação mágica, de forças inusitadas, tal como entre os povos primitivos.[36]

O artista primitivo, quando moldou as estatuetas aurinhacenses, ou quando pintou as figuras de animais nas cavernas de Altamira ou de Lascaux, manifestava a sensibilidade estética idêntica àquela despertada nos artistas do Renascimento, ou naqueles do século 19, ou da nossa atualidade. Por essa razão, as obras de arte nascidas durante o Paleolítico Superior apresentam as mesmas características de estilos "naturalistas" e "realistas", tal como os apresentam as "escolas artísticas" atuais, de idênticas tendências estéticas. Isso vem confirmar o fato de que a sensibilidade artística é fenômeno psíquico, próprio ao *Homo sapiens*, e independente das culturas das sociedades em que se manifesta. O estágio cultural em que se encontra determinará ao artista o objetivo da sua criação: se arte utilitária, se decorativa, ou se fará

---

[36] *apud* CAMPBELL, Joseph. *As máscaras de Deus*. São Paulo: Editora Palas Athena, 1992, p. 32.

"arte pela arte"; mas a atitude estética com a qual ele buscará novas formas de representar aquilo que já foi representado em outros estilos e atitudes estéticas sempre será independente dos seus objetivos artísticos.

No que concerne às estatuetas *aurinhacenses*, tratava-se de manifestações originais de arte utilitária, o que podemos inferir pela reprodução das mesmas atitudes estéticas, em número elevado de exemplares, todos deporte cômodo de ser portado e transportado. Essa inferência é reforçada pela descoberta, em 1932, nos sítios arqueológicos situados na margem direita do rio Don, na cidade de Kosteyenki, a 32 km ao Sul de Voronesh, um santuário doméstico muito rico em estatuetas femininas feitas em marfim de mamute, rochas calcárias e calcário-argilosas. Esse material foi encontrado em uma habitação primitiva, compondo um nicho votivo, junto à lareira que aquecia a habitação; ainda compunham esse nicho várias minúsculas estatuetas calcárias, representando aves diversas e pequenos animais, sugerindo um culto zoomórfico dessas populações primitivas.[37]

Dúvidas não podem restar sobre o objetivo dessa arte: tratava-se de um propósito mágico-propiciatório, ligado à fecundidade feminina e à proteção do matriarcado; provavelmente, eram amuletos propiciatórios à proteção e ao crescimento vegetativo dos grupos.

Da mesma forma, poderemos considerar a arte parietal nas cavernas da Dordonha (França), Altamira (Espanha) e outras cavernas dessa região hispano-francesa, comparando-as com aquelas encontradas na Rodésia (África), em algumas particularidades, como será comentado. Não há dúvidas sobre a qualidade estética daquelas pinturas: sejam as pinturas executadas com pigmentos pretos (bióxido de manganês ou carvão vegetal), seja com pigmentos minerais amarelo e vermelho (ocres); os traços são firmes e decisivos, com estilos idênticos ao com que pintariam os mestres do naturalismo da nossa atualidade.

A figura 3.1 reproduz a impressionante e realista figura de um bisão, pintado na caverna de Altamira (Espanha); as figuras 3.2 a 3.4 reproduzem outras pinturas encontradas em Lascaux (Dordonha, França), representando bisões, touros selvagens (Aurochs, hoje extintos), cervídeos e felinos. O artista primitivo pintava os animais com os quais convivia, com um realismo muito forte, reproduzindo-os em um detalhamento tão natural que nos leva a concluir, como o fez Germain Bazin: "O artista primitivo não produzia simulacros dos seres que o cercavam, mas de fato, ele os *criava!*"[38]

---

[37] CAMPBELL, Joseph. *As máscaras de Deus*. São Paulo: Editora Palas Athena, 1992, p. 266-269.

[38] BAZIN, Germain. *Historia del Arte*. Barcelona: Editorial Ômega, 1961, p. 9-11.

De fato, aqueles artistas não pintavam senão os animais — todos mais poderosos que eles — e que caçavam para a sua sobrevivência. A natureza física, ou a flora, jamais eram representadas; o ser humano, quando representado, o era de forma esquemática e secundária, em cenas sugerindo caçadas (ver figura 3.1 a 3.11). Uma exceção foi encontrada em cavernas da Rodésia, onde os animais também são representados com riqueza de detalhes, mas a figura humana foi representada em outra atividade que não a caçada, embora representados no mesmo estilo simbólico. Na figura 3.9, reproduzimos uma cena conhecida como "A Senhora Branca", mas que nos dá a impressão de se tratar de uma cena de exaltação a um possível rei, daquela época e tribo (provavelmente, pintura do Mesolítico Superior, quando as sociedades se haviam ampliado para as livres associações de clãs e de tribos).

Certamente, a "Senhora Branca" marca um momento da evolução da criatividade do artista primitivo, deixando a criação mágico-propiciatória, em direção às pinturas descritivas e votivas, tal como aquelas que se manifestaram na civilização egípcia, que apenas despertava naquele momento. Contudo, para o artista primitivo que se manifestara nas cavernas de Altamira e Lascaux, sentimos que, ao se manifestar nele a genialidade naturalista de um verdadeiro demiurgo, de fato, ele *criava*: o artista primitivo era, também, um *feiticeiro*, porque, em seus *insights*, ele aprendia não só a esboçar as formas que o caracterizariam, mas a torná-las capazes de propiciar boa e segura caçada para o seu grupo.

Que as cavernas tenham sido uma espécie de "templo" onde se realizavam cultos mágicos, sob o trabucar dos tambores e comandados por feiticeiros hirsutos e portadores de horrendas máscaras animalescas, ficará a cargo da imaginação dos leitores mais criativos, e com temperamento de cineastas-diretores de filmes de terror. De fato, há um achado que poderia induzir a tais interpretações: a reprodução na figura 3.12, tratada no Título III e intitulada "O Feiticeiro de Trois-Frères", de fato poderia dar sustentação a hipóteses de tal ordem. Contudo, tal aspecto da vida nas cavernas deverá ser interpretado dentro do contexto da sua época. É fora de dúvidas que tal achado arqueológico represente um ato da vida corrente daquele momento temporal; e também está fora de dúvidas que tais atitudes ritualísticas existiram, de fato, como pode ser comprovado pelos estudos dos etnólogos do fim do século XIX e inícios do século XX. Não obstante, aquela imagem deve ser considerada no contexto do "Pensamento Mágico" que a gerou: o artista-xamã primitivo representava nas paredes das cavernas as imagens propiciatórias do sucesso para as suas caçadas. Nesse caso, provavelmente a imagem seria a de um xamã muito respeitado — e recentemente falecido — cuja "essência invisível" seria invocada — para o sucesso na caçada de alces, cujas peles seriam necessárias para abrigá-los, por causa de um período excepcionalmente frio.

Por outro lado, julgar que as cavernas se constituíam em espécies de "academias" onde se aprendia a arte do entalhe escultural e as artes da pintura, em geral, é também um exagero desmedido; muito embora tais hipóteses tenham nascido a partir da interpretação dada às inúmeras plaquetas líticas contendo gravações de símbolos em profusão, sempre encontrados sob camadas geológicas, nas entradas dessas grutas.

As cavernas das quais estamos tratando, depositárias das magníficas pinturas rupestres realizadas em momentos do Paleolítico Superior, jamais serviram de moradia permanente às populações de então. Em Lascaux, por exemplo, com os seus 150 m de extensão, em seus recintos com 2 a 5 m de largura e outros tantos de altura, nunca foram encontrados sinais arqueológicos de habitação permanente. Ao contrário, artefatos líticos como raspadores, perfuradores, pontas de azagaias e lâminas de sílex cinzento foram encontrados em toda a extensão da caverna; também foram encontrados restos de corantes usados nas pinturas: pedaços de minerais, como as hematitas, fornecendo os óxidos vermelhos; a goethita, fornecendo as cores amarelas; a pirolusita, com o preto-azulado; o carvão de madeira, fornecendo o preto profundo, usado para o delineamento das figuras; a calcita, fornecendo o pigmento branco; os pedaços desses minerais encontrados mostravam-se raspados em estrias, indicando que seus pós eram judiciosamente misturados, obtendo ampla gama de cores nas pinturas finais. Esses fatos parecem indicar que as cavernas eram frequentadas, principalmente, pelos artistas-feiticeiros, que ali desenvolviam os seus avatares.

Como que confirmando essa frequência restrita, encontraram-se cerca de cem peças de archotes iluminantes: estes eram feitos em peças de arenitos. Com empunhadura longa, cilíndrica, gravados com símbolos diversos e idênticos àqueles já encontrados em outras peças líticas; na extremidade desses archotes, havia uma cavidade onde se colocavam palhas embebidas por sebos extraídos das caças, o que formava um conjunto combustível mais duradouro[39].

O poder de iluminação desses archotes não seria superior à iluminação de uma vela de cerada nossa atualidade. Decorre daí que a acuidade visual do homem primitivo deveria ser algo superior à nossa. Também decorre

---

[39] DELLUC, 1984, p. 59-64.

que, face às dimensões da caverna, poucas tochas poderiam ser acesas, simultaneamente: o oxigênio disponível sendo restrito, poucas pessoas poderiam ali permanecer, com as tochas acesas.

III-4 – Uma evolução plausível

O *Homo sapiens*, ao contrário dos hominídeos que o precederam, nasceu com o seu aparelho psíquico potencialmente pronto e completo, capaz de assimilar e elaborar os dados observáveis no mundo que o cercava.

Em consequência, os princípios lógicos, estéticos, éticos e morais serão gerados e assumidos, à medida que o *Homo sapiens* viva suas experiências, guiadas pelos seus instintos de sobrevivência, e gregários.

O instinto gregário leva-o a se organizar em *frátrias*, em que a ordem social é garantida pelo *matriarcado*. Nas *frátrias*, todos conhecem suas origens maternas, embora nunca saibam das suas origens paternas. Daí, a origem do *matriarcado* como sistema de organização social.

A comunicação entre os indivíduos teria sido conquistada com o desenvolvimento de uma linguagem, rudimentar que fosse; mas haveria a premência da comunicação entre os indivíduos e os "seres invisíveis" (LÉVY-BRUHL, Lucien. Ver nota de rodapé n.32), habitando o inconsciente coletivo de então.

O "pensamento mágico" resolveu esse segundo nível de comunicação, a partir de uma imagética específica: as esculturas e as pinturas rupestres.

A imagética das esculturas, celebrando a "magia propiciatória", visando à continuidade das *frátrias* pela parição e amamentação felizes. A imagética das pinturas dirigir-se-ia a propiciar caçadas felizes, garantindo a subsistência aos grupos.

Esse "pensar mágico" é cabalmente traduzido na figura 2.1. Além disso, ultrapassada a "Era do Gelo", e com o início do "pastoreio" de uma caça menos selvagem e pesada, as pinturas rupestres deixam as cavernas e se voltam para a comunicação intertribal, como mostram as figuras 3.1 a 3.4.

Finalmente, a figura 3.6 mostra que os signos rupestres, iniciados desde o 25º milênio a.C., indicam um esforço continuado para uma comunicação escrita, evoluindo naturalmente para a escrita cuneiforme e alfabética (α, β) do grego antigo.

TÍTULO IV

O PENSAMENTO ABSTRATO: OS MITOS, OS TÓTENS E OS SÍMBOLOS

Qual seria o olhar que o *Homo sapiens*, do Paleolítico Superior, lançava sobre o mundo que o cercava? Seguramente, seria um olhar inquiridor, maravilhado, mas enormemente preocupado pelas necessidades da sua sobrevivência, em um meio ambiente muito hostil e perigoso.

De fato, a natureza lhes apresentava sobressaltos e cuidados constantes: a flora não lhes fornecia proteção acabada contra as intempéries senão a partir de árduo trabalho e aproveitamento de alguns dos seus elementos; a fauna, com suas espécies de grande porte e de grande ferocidade, transformava-os em elo alimentar privilegiado; quando não, espécies como as serpentes venenosas, que podiam torná-los vítima fatais e inesperadas; a própria natureza, enfim, os agredia com as tempestades violentas, ou pelas nevascas intensas; raios e trovões os aterrorizavam, enquanto eventuais tremores de terra, prenunciadores de vulcanismos impiedosos, os subjugavam pelo terror.

Ocorria que, diversamente de outras espécies animais, eles foram dotados de memória duradoura, e de capacidade reflexiva. Contudo, se essas capacidades mentais diferenciadas lhes traziam um estado de expectativas ansiosas e permanentes, por outro lado também lhes conferiam uma capacidade de previsão e realização de ações preventivas, antecedendo os acontecimentos naturais.

Naquelas condições da natureza, a organização social em grupos gregários — inicialmente formando hordas, mas aos poucos evoluindo para as formas de frátrias, famílias, clãs e tribos — seria a forma natural para a aquisição de conhecimentos e para a sobrevivência prazerosa da espécie.

O psiquismo, que era naturalmente emergente nos grupos humanos organizados como greis, recolhia os elementos vivenciais que, estampados no inconsciente coletivo, originaria as "imagens primordiais" — os arquétipos —, base das referências culturais das sociedades futuras.

Nesse processo, intuindo o seu inexorável e fatídico destino, que o leva para a morte, o homem primitivo aprende a suportá-lo, compreendendo que contra ele nada poderia fazer. Compreenderia, também, que deveria organizar-se, para enfrentar, condignamente, tal destino.

No início, o "despertar do Ego" teria gerado um pensamento reflexivo, no qual o *Homo sapiens* se questiona:

> *Eu estou no mundo e sou diferente de tudo o que me cerca. Por quê? Afinal, de onde eu vim? Para onde eu vou?*

Contudo, sem deixar de almejar a sua vida sempre mais longeva, o *Homo sapiens* primevo pensava em se organizar socialmente, continuando a sua breve existência por meio da sua própria descendência.

Como consequência da reflexão sobre si mesmo, ele deixa de pertencer à horda: o seu sentimento de identidade se desloca do grupo mais amplo — a horda — e passa a se localizar em um grupo mais restrito — a *frátria* —, em que ele conhece a sua mãe e os seus irmãos, mas ainda não conhece a sua origem paterna... Não conhece o seu pai!

Será necessário aguardar mais algum tempo para que ele intua a segunda parte da resposta à sua questão inicial. Ele deveria aguardar a grande transformação climática no seu mundo — o fim da era glacial — para que, em condições de um mundo menos hostil e mais previsível, ele possa olhar criticamente para o seu mundo.

Michelângelo imortalizou esse momento em afresco famoso, na Capela Sistina, do Vaticano, como em fragmento reproduzido a seguir. Essa poderosa alegoria, conhecida como "A Criação de Adão", nunca foi superada até o presente. A sua ideia central trata da "Emersão do Ego no *Homo sapiens*", posto que, como "ser humano", Adão já fora criado.

Essa ideia tem sido aproveitada por outros grupos religiosos mais modernos, que mais buscam fazer valer uma ideologia do que conciliar o pensar abstrato nela representado com as realidades científico-arqueológicas atuais. Assim, é sugerida uma progressiva elevação da coluna vertebral dos hominídeos, como pode ser visto na figura 4.2, mostrada a seguir, e cuja origem não conseguimos identificar, mas que poderia ter-se originado de uma ação catequética de alguma dada denominação cristã.

Figura 4.1 – Afresco de Michelângelo na Capela Sistina, Vaticano. Alegoria sobre a "Revolução Cognitiva"

Ora, sabemos que o andar ereto se apresentou de imediato, com a diferenciação entre símios e hominídeos! Na figura citada, fica patente a tentativa de conciliar uma abstração artística com uma hipótese interpretativa — muito equivocada, a nosso ver! — da teoria da evolução das espécies, desenvolvida por Charles Darwin.

Figura 4.2 – Alegoria sobre a evolução humana. Uma discutível visão religiosa

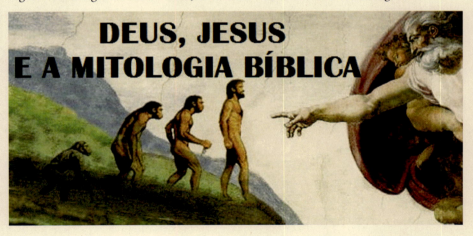

Ao contrário da primeira, essa alegoria sugere uma evolução sucessivamente continuada, do chipanzé ao *H. Sapiens*, passando pelos hominídeos e arcantropídeos, intermediários.

Sabemos que, de fato, todas essas espécies conviveram, desde o período cultural do Paleolítico Inferior. Mas ocorreu a extinção dos hominídeos, enquanto duas dessas espécies — o chipanzé e o *H. sapiens* — sobreviveram até a nossa atualidade. O "Creacionismo", em evolução continuada e sem saltos, sugerido na figura 4.2, não encontra confirmação na realidade observável. Também não explica a extinção dos hominídeos, ocorrida possivelmente durante o Paleolítico Superior.

Retornando ao objeto central da nossa exposição, lembraremos que a **frátria** era o conjunto dos irmãos em torno da autoridade da mãe comum. O grupo foi social e naturalmente organizado. Consolidou-se, desse modo, a formação social do *MATRIARCADO*, sistema social em que a experiência das mães é essencial à sobrevivência do grupo. Nesses grupos, as mães representam o centro de toda a autoridade. Portanto, nessas sociedades de hordas, as frátrias serão as menores frações sociais permanentes; e, em torno delas, os grupos sobrevivem.

Podemos questionar: como e por que surge a autoridade matriarcal? Uma parte da resposta é óbvia, e atende parcialmente à pergunta inicial da reflexão do *H. sapiens*: é a mãe geradora que acolhe, alimenta e guia o novo ser, até que ele possa adquirir o domínio, por si mesmo, das suas ações.

Inicialmente, o instinto do *H. sapiens* o leva a confiar; posteriormente, a sua racionalidade o informa sobre onde está a maior densidade de informações acerca deste mundo, onde ele é recém-chegado: é a sua mãe que a possui. Depois, ele se apercebe deque não há outra fonte de acolhimento e ensinamentos, porque parte considerável dos membros do grupo — os machos adultos — estavam sempre ausentes, em caçadas prolongadas, nas estepes geladas de então.

Havia outra marcante evidência que, naturalmente, conferia poderosa mística à mulher: o Ser primitivo é levado à consideração de que as forças naturais presentes no seu mundo são de natureza superior à sua energia e capacidade para subjugá-las. A morte e o nascimento do indivíduo são mistérios que ultrapassam a sua compreensão; contudo, nas fêmeas de sua grei, ele vivencia os mistérios da menstruação, da concepção e do nascimento de uma nova vida: as fêmeas passam a ser consideradas, qualitativamente, diferentes dos machos, e partícipes dos mistérios da natureza, porque dotadas daqueles poderes específicos, vedados aos machos.

Como a compreensão desses fenômenos naturais não é alcançada — em particular a plena compreensão dos "porquês" da vida e da morte —, em consequência, desenvolve-se a concepção de um mundo mágico, regido por forças sobrenaturais, às quais algumas pessoas privilegiadas — em especial as mulheres — podem ter acesso.

É essa a outra poderosa fonte da **autoridade matriarcal**, que se reafirma na vivência social das frátrias.

Para compreender os sentimentos emergindo de um mundo mágico, nos apoiaremos nos estudos de Lucien Lévy-Bruhl.[40] Esse antropólogo, de fins do século 19, a partir de estudos em sociedades ainda primitivas, embora vivendo no século 19, constatou que a mentalidade do homem primitivo — vale dizer: dos grupos ainda imersos em uma cultura primitiva — não conseguia estabelecer uma distinção de categorias entre *natural* e *sobrenatural*. Dessa forma, para o homem primitivo, não havia distinção intelectual entre os seres naturais, visíveis, e os seres invisíveis, gerados em seu *misticismo* incipiente: o conjunto dos seres visíveis seria parte integrante do conjunto dos seres invisíveis; e esses últimos não deixavam de ter uma realidade tão concreta como aqueles outros.

Resta-nos compreender o que seria o *misticismo* do homem primitivo. Esse misticismo era a crença em que existiam forças naturais, bem como entes vivos, não visíveis, que podem orientar os acontecimentos gerados pelas forças naturais; os seres vivos e invisíveis são a "essência vital" que comunica a vida, seja aos humanos, seja aos animais; e todos eles têm poderes para influir sobre as forças naturais, animando o mundo visível.

IV-1-1 – Sentindo um "mundo mágico"

Nessas sociedades primitivas, de caçadores e coletores, quando ainda não se havia desenvolvido a prática das reflexões decorrentes das observações, continuadas e incisivas, capazes de modular o curso natural da vida dos seus membros, as suas crenças envolverão uma representação estupefata e mágica da natureza envolvente.

Não obstante, acredita-se que a comunicação oral — então ainda não dominada entre os hominídeos — teria surgido entre os *Homo sapiens* com o "despertar do Ego". Este foi acontecimento importantíssimo, denominado, por alguns estudiosos, como a "revolução cognitiva".

---

[40] Ver: LÉVY-BRUHL, Lucien, *Le surnaturel et la nature dans la mentalité primitive*. Paris: PUF, 1963.

Então, como poderia ser estabelecida uma comunicação proveitosa entre esses "sapiens", de modo a superar algumas de suas dificuldades existenciais?

Teria sido nos momentos de reuniões do grupo, abrigados das tormentas naturais, praticando passatempos ancestrais (jogos de "faz de conta que..."); alguns dentre aqueles *H. sapiens*, possuidores de maior sensibilidade mental ao êxtase, entrariam em transe hipnótico; gerar-se-iam visões surpreendentes. Fossem esses sensitivos machos ou fêmeas, sensíveis, todos eles dotados daquelas qualidades especiais, eles se tornariam nos mediadores entre o grupo e as potestades. Sem aquela sensibilidade, as potestades seriam inacessíveis ao mando, ou às solicitações, dos grupos.

Surgiam, assim, as práticas do que se denominou, genericamente, de MAGIA.

A MAGIA consistirá, pois, no conjunto dos meios — invocações e ritualísticas — que favoreceriam a comunicação dos seres visíveis com os seres invisíveis, de forma a induzirem as potestades a agirem proveito dos primeiros. Como essa indução é feita por seres humanos, e como estes, desde os tempos primitivos, têm um caráter moral que se manifestava voltado ao bem comum, ou à maldade, a magia também poderá ser voltada para o bem ou para o mal.

Os indivíduos sensíveis serão denominados *xamãs*, ou *feiticeiros*.

Entendemos que as imagens que o inconsciente do xamã libera, por ocasião dos seus transes, envolverão animais respeitados e desejados, ou mesmo evitados pelo grupo (por experiências anteriores, estampadas no inconsciente coletivo do grupo), havia a crença na força e capacidade de mudar o curso da vidados membros dessa sociedade primitiva: tais como as cobras, os leões e tigres, bem como os touros e bisões, ou as poderosas aves de rapina, cujo voar na imensidão do espaço já seria, por si, um ato mágico, gerador de extensa mitologia.[41]

Por oportuno, insistamos que, no pensamento mágico, não haveria quaisquer resquícios da TRANSCENDÊNCIA. Porque, fundamentalmente, a magia é uma forma de tecnologia, na qual são desenvolvidos os meios "que possam comandar a ação da natureza": não há a presença de "deuses" ou forças ideais, divinas, que comandem, de forma milagrosa, a natureza. Essas últimas formas de pensar surgirão, mais tardiamente, com o "pensamento religioso", que, por sua vez, será um pensar derivado do "pensamento abstrato".

---

[41] Lembremo-nos do mito grego de Dédalo e Ícaro, procurando voar como os pássaros, e ao qual retornaremos no momento oportuno.

Importa ressaltar que não haveria lugar para o entendimento intelectual do que fosse a *transcendência*. O pensamento mágico não é um pensamento religioso, o qual se funda na dicotomia entre o SAGRADO e o PROFANO.

Decorre daí que a criação da MAGIA precede, necessariamente, tanto a criação da mitologia quanto as religiões, posto que essas duas últimas atitudes intelectuais exigiriam o conceito metafísico de *transcendência*, inteiramente assimilado, para que fossem intelectualmente concebidas.

Não é do propósito deste ensaio estudar a magia em todos os seus aspectos. Para os interessados nessa temática, sugerimos consultarem o singelo, mas preciso ensaio de Monteiro, registrado na bibliografia desta obra.[42]

IV-1-2 – A arte paleolítica como ritual da magia

As primeiras manifestações conhecidas da arte da estatuária, representam mulheres idealizadas. São estatuetas esculpidas em arenitos, rochas calcárias, ou em marfim, de presas de mamutes; elas são provenientes de uma vasta área geográfica, compreendida entre as montanhas da Cantábria (Espanha), até as margens do lago Baikal, no Sudeste da Sibéria (*grosso modo*, entre os paralelos de 30°N a 50°N). são peças originadas de um período da cultura dita "aurinhacense", ou seja, do início do Paleolítico Superior. Constata-se que a produção desses artefatos, líticos, ou ósseos, foi generalizada, tal é a quantidade que tem sido encontrada nos sítios arqueológicos, os mais afastados. São peças de pequeno porte, medindo de 3 cm a, no máximo, 30 cm, denotando grande habilidade manual e criatividade dos seus executores (ver figuras 3.1 a 3.4).

Essas estatuetas representam cabeças femininas, com detalhes representativos de suas cabeleiras, mas sem detalhamentos do rosto, salvo no delineamento do seu perfil, às vezes evidenciando um queixo pouco proeminente, quase ausente. Nas estatuetas maiores, a mulher é representada com nádegas, ventre e seios exageradamente volumosos, pouco naturais (por isso, já as dissemos "idealizadas").Contudo, a combinação, suavemente concordante, das curvas, definindo os volumes esculturais, sugere ter sido intencional a representação adotada; e também mostra que o grupo de população produzindo tais artefatos provinha de uma raça de *Homo sapiens* muito desenvolvida psiquicamente, e bem-sucedida naquela fase de expansão da humanidade (a expansão africana dos *Homo sapiens*, iniciada no

---

[42] MONTEIRO, 1986.

70° milênio antes da nossa era, alcançando o subcontinente indiano e que, da Índia, tomou a direção Nordeste, chegando ao mar Cáspio; e, daí, infletindo para o Oeste, ocupando progressivamente a região da Ásia Central).

As formas e tamanhos dessas estatuetas femininas sugerem terem sido produzidas como formas de amuletos propiciatórios; de alguma forma, foram ligadas às concepções do matriarcado e às manifestações mágicas. São formas de interagir com o mundo, nessas sociedades incipientes, como o indicam os locais onde, geralmente, são encontradas: em verdadeiros santuários residenciais dos grupos humanos envolvidos.

Nenhum objeto lítico, ou ósseo, apresentando gravações com simbolismos relacionados às atitudes mágico-propiciatórias, ou puramente estéticas, mas datando de antes do período cultural do *aurinhacense* (ou seja, entre os períodos glaciais de Würm I e II), jamais foi encontrado. As estatuetas femininas apareceram a partir desse período cultural, vale dizer, aproximadamente em 35.000/30.000 a.C.[43]

Essa última constatação significa que, muito provavelmente, foi durante algum momento do final do Paleolítico Inferior que as estruturas psíquicas do *Homo sapiens* se desenvolveram notavelmente, apresentando-se potencialmente completas, prontas e acabadas para a criação intelectual.

De fato, em nível da estruturação neuronal do seu cérebro, performances mentais que se estendiam dos raciocínios os mais simples às intuições de genialidades e realizaram, como o demonstram essas estatuetas.

O aparecimento de casos fortuitos de genialidade — estamos pensando no caso das pinturas rupestres, tais como as policromias de Altamira, Lascaux, PechMerle, bem como outras tantas, no Oeste da África Meridional —, denuncia a potencialidade mental disponível para a evolução cultural.

Mas esclareçamos: entendemos ser a genialidade a capacidade de intuir, sentir, interpretar e realizar aqueles pensamentos que, até então, estavam naturalmente velados para outros indivíduos da mesma origem e nível cultural que o "gênio". Essa maneira de ser e de realizar-se indica aquela situação evolutiva; mesmo porque o "gênio" não realiza, em si mesmo, todo o conhecimento disponível, mas tão somente aqueles que estavam restritos à questão em que se manifestou.

Não pensamos que as pinturas rupestres do Paleolítico Superior tenham sido casos de pura manifestação dos sentimentos artísticos (manifestações primitivas de "arte pela arte"). Certamente, há um sentido utilitário

---

[43] CAMPBELL, Joseph. *As máscaras de Deus*. São Paulo: Editora Palas Athena, 1992, p. 291-3.

na arte parietal primitiva, sentimento esse que buscaremos alcançar. No título anterior, esboçáramos uma forma de passatempo que, provavelmente, seria adotada pelos grupos primitivos, em seus momentos de reuniões. A experiência antropológica, pela observação realizada entre vários grupos humanos, mostra que, no ato de brincar (cantar, dançar, teatralizar o mundo, invocar), desencadeiam-se energias insuspeitadas, no grupo que brinca. Novos e fascinantes estímulos são despertados, unindo o grupo em torno de ações livremente esboçadas, como aquelas estimulando sejam as especulações puramente intelectuais e racionais, sejam as especulações metafísicas e transcendentais.

Essas experiências não teriam sido diferentes, para o *Homo sapiens*, vivendo durante o Paleolítico Superior. Podemos imaginá-los, o grupo reunido em torno dos seus pontos de reunião (que, eventualmente, mas nem sempre, seriam as cavernas — apenas para abrigá-los da inclemência dos invernos), cantando e dançando em passatempos vários, entre os quais buscariam novas atitudes de representação do mundo sensível; mas, também, poderiam buscar ligações de acesso às potestades invisíveis, comandando a vida diuturna.

Nessa última postura, em particular, também procurariam um acesso aos estados *post-mortem*, com os seus iguais, também dignos da sua admiração e invocação; da mesma forma, invocação dos animais que teriam abatido, por imperiosas necessidades de sobrevivência.

Esses estímulos — complementados, ou não, pelo uso de substâncias de efeitos alucinógenos — conduziriam os indivíduos mais sensíveis aos estados mentais em que, libertos da "tirania das realidades imanentes", todas impostas pelo seu "Ego", mergulhariam em experiências de sensações inusitadas, nessas circunstâncias, liberadas pelo seu *Inconsciente*. Tais sensações, nas quais permanecerão enquanto durar o seu transe hipnótico, na ausência de explicações mais eficazes, seriam tomadas como realizações *mágicas* — porta de acesso a outras realidades habitualmente inacessíveis ao comum dos seres, como o mundo dos mortos e das potestades.

E cedo se aperceberiam: esse também era um portal aberto à criatividade e às representações artísticas.

Contudo, o acesso pleno àqueles mundos não era permitido a todos, mas somente aos seres mais sensíveis, que se tornaram em *Feiticeiros*, ou *Xamãs*, ou seja, os intermediários entre o mundo material, de todos os viventes, e um outro mundo, habitado por toda sorte de espíritos; não só os espíritos dos humanos mortos, mas também das "essências" dos animais mortos pelos caçadores; e daquelas que comandavam as manifestações dos poderes cósmicos.

Contudo, que se faça uma advertência: é certo que o homem primitivo entendia como "espíritos" a quaisquer fenômenos que se manifestassem no seu mundo, seja sobre a natureza em si (vulcanismos, tempestades e nevascas, raios e trovões), seja sobre os seres dotados de vida, como ele mesmo e os demais animais. É conceito que se distancia fundamentalmente do atual, que nos foi transmitido pela cultura religiosa cristã, quando entendemos que o ESPÍRITO seja aquela propriedade ligada à matéria viva e organizada. Essa propriedade, agindo sobre o cérebro humano, é o que permite ao seu portador ter consciência de que vive como ser independente do mundo que o cerca. Assim sendo, o "espírito" — tal como o entendia o homem primitivo — ainda não é a ALMA, conceito abstrato e transcendente. Está fora dos nossos propósitos discuti-lo neste momento.[44]

Insistamos, ainda: não seria ainda esse mundo mental o mundo dicotômico — do sagrado e do profano — que, bem mais tarde, durante o 5º milênio, ou no início do 4º milênio a.C., conceituaríamos.

Mas, nesses momentos culturais do Paleolítico, ainda não podemos falar em "forças demoníacas", como nos sugerem algumas interpretações modernas daqueles rituais mágicos: quando o homem primitivo teria adquirido os conceitos de "forças" e "personagens" que, hoje, agrupamos dentro do conceito de "transcendência"? De fato, não o sabemos. Contudo, procuraremos uma possível resposta, no decorrer dos títulos seguintes.

Antes, porém, ressaltemos que a atitude mental regendo as cerimônias mágico- propiciatórias entre os povos primitivos — à feição daquelas vivenciadas entre várias tribos primitivas a que podemos ter acesso — mostram que tais cerimônias não se realizam como total ilusão: há uma consciência subjacente de que, embora considerando que as coisas que estão ocorrendo não são reais, no entanto, são tomadas "como se fossem" reais (é nessa distorção do real que se manifesta o "faz de conta que...").

É um fenômeno ocorrendo em estágios mentais em que a imaginação e a fantasia ainda se sobrepõem à razão; é fenômeno que preside a criação artística em qualquer momento histórico em que ela se apresente. Portanto, já estaria presente nos momentos da criação daquelas "Vênus primevas" e da arte rupestre paleolítica.

---

[44] Ver: Enciclopédia Universal. São Paulo: Editora Pedagógica Brasileira, 1969. Verbete: ALMA, v. I, p. 182.

HOMO CREATOR: PENSANDO UM MUNDO EMERGENTE — UMA HISTÓRIA

A experiência do arrebatamento, ocorrendo a uma criança, durante uma brincadeira com palitos de madeira, um dos quais, subitamente, se torna em uma bruxa, foi relatada por Leo Frobenius; essa vivência pode ser comparada com uma experiência de invocação mágica, de forças inusitadas, tal como entre os povos primitivos.[45]

O artista primitivo, quando moldou as estatuetas aurinhacenses, ou quando pintou as figuras de animais nas cavernas de Altamira ou de Lascaux, manifestava uma sensibilidade estética idêntica àquela despertada nos artistas do Renascimento, ou naqueles do século 19, ou da nossa atualidade. Por essa razão, as obras de arte nascidas durante o Paleolítico Superior apresentam as mesmas características de estilos "naturalistas" e "realistas", tal como os apresentam as "escolas artísticas" atuais, de idênticas tendências estéticas. Isso vem confirmar o fato de que a sensibilidade artística é fenômeno psíquico, próprio ao *Homo sapiens*, e independente das culturas das sociedades em que se manifesta. O estágio cultural em que se encontra determinará ao artista o objetivo da sua criação: se arte utilitária, se decorativa, ou se fará "arte pela arte"; mas a atitude estética com a qual ele buscará novas formas de representar aquilo que já foi representado em outros estilos e atitudes estéticas sempre será independente dos seus objetivos artísticos.

No que concerne às estatuetas *aurinhacenses*, tratava-se de manifestações originais de arte utilitária, o que podemos inferir pela reprodução das mesmas atitudes estéticas, em número elevado de exemplares, todos deporte cômodo de ser portado e transportado. Essa inferência é reforçada pela descoberta, em 1932, nos sítios arqueológicos situados na margem direita do rio Don, na cidade de Kosteyenki, a 32 km ao Sul de Voronesh, um santuário doméstico muito rico em estatuetas femininas feitas em marfim de mamute, rochas calcárias e calcário-argilosas. Esse material foi encontrado em uma habitação primitiva, compondo um nicho votivo, junto à lareira que aquecia a habitação; ainda compunham esse nicho várias minúsculas estatuetas calcárias, representando aves diversas e pequenos animais, sugerindo um culto zoomórfico dessas populações primitivas.[46]

Dúvidas não podem restar sobre o objetivo dessa arte: tratava-se de um propósito mágico-propiciatório, ligado à fecundidade feminina e à proteção do matriarcado; provavelmente, eram amuletos propiciatórios à proteção e ao crescimento vegetativo dos grupos.

---

[45] *apud* CAMPBELL, Joseph. *As máscaras de Deus*. São Paulo: Editora Palas Athena, 1992, p. 32.

[46] CAMPBELL, Joseph. *As máscaras de Deus*. São Paulo: Editora Palas Athena, 1992, p. 266-269.

Da mesma forma, poderemos considerar a arte parietal nas cavernas da Dordonha (França), altamira (Espanha) e outras cavernas dessa região hispano-francesa, comparando-as com aquelas encontradas na Rodésia (África), em algumas particularidades, como será comentado. Não há dúvidas sobre a qualidade estética daquelas pinturas: sejam as pinturas executadas com pigmentos pretos (bióxido de manganês ou carvão vegetal), seja com pigmentos minerais amarelo e vermelho (ocres); os traços são firmes e decisivos, com estilos idênticos ao com que pintariam os mestres do naturalismo da nossa atualidade.

A figura 3.1 reproduz a impressionante e realista figura de um bisão, pintado na caverna de Altamira (Espanha); as figuras 3.2 a 3.4 reproduzem outras pinturas encontradas em Lascaux (Dordonha, França), representando bisões, touros selvagens (Aurochs, hoje extintos), cervídeos e felinos. O artista primitivo pintava os animais com os quais convivia, com um realismo muito forte, reproduzindo-os em um detalhamento tão natural que nos leva a concluir, como o fez Germain Bazin: "O artista primitivo não produzia simulacros dos seres que o cercavam, mas de fato, ele os *criava*!".[47]

De fato, aqueles artistas não pintavam senão os animais — todos mais poderosos que eles — e que caçavam para a sua sobrevivência. A natureza física, ou a flora, jamais eram representadas; o ser humano, quando representado, o era de forma esquemática e secundária, em cenas sugerindo caçadas (ver figura 3.8. Uma exceção foi encontrada em cavernas da Rodésia, onde os animais também são representados com riqueza de detalhes, mas a figura humana foi representada em outra atividade que não a caçada, embora representados no mesmo estilo simbólico. Na figura 3.9, reproduzimos uma cena conhecida como *"A Senhora Branca"*, mas que nos dá a impressão de se tratar de uma cena de exaltação a um possível rei, daquela época e tribo (provavelmente, pintura do Mesolítico Superior, quando as sociedades se haviam ampliado para as livres associações de clãs e de tribos).

Certamente, a *"Senhora Branca"* marca um momento da evolução da criatividade do artista primitivo, deixando a criação mágico-propiciatória, em direção às pinturas descritivas e votivas, tal como aquelas que se manifestaram na civilização egípcia, que apenas despertava naquele momento. Contudo, para o artista primitivo que se manifestara nas cavernas de Altamira e Lascaux, sentimos que, ao se manifestar nele, era a genialidade naturalista de um verdadeiro demiurgo. De fato, ele *criava*: o artista primitivo era, tam-

---

[47] BAZIN, Germain. *Historia del Arte*. Barcelona: Editorial Ômega, 1961, p. 9-11.

bém, um *feiticeiro*, porque, em seus *insights*, ele aprendia não só a esboçar as formas que o caracterizariam, mas a torná-las capazes de propiciar boa e segura caçada para o seu grupo.

Que as cavernas tenham sido uma espécie de "templo" onde se realizavam cultos mágicos, sob o trabucar dos tambores e comandados por feiticeiros hirsutos e portadores de horrendas máscaras animalescas, ficará a cargo da imaginação dos leitores mais criativos, e com temperamento de cineastas-diretores de filmes de terror. De fato, há um achado que poderia induzir a tais interpretações: a reprodução na figura 3.12, tratada no título III, e intitulada *"O Feiticeiro de Trois-Frères"*, de fato poderia dar sustentação a hipóteses de tal ordem. Contudo, tal aspecto da vida nas cavernas deverá ser interpretado dentro do contexto da sua época. É fora de dúvidas que tal achado arqueológico represente um ato da vida corrente daquele momento temporal; e também está fora de dúvidas que tais atitudes ritualísticas existiram, de fato, como pode ser comprovado pelos estudos de etnólogos do fim do século XIX e inícios do século XX. Não obstante, aquela imagem deve ser considerada no contexto do "Pensamento Mágico" que a gerou: o artista-xamã primitivo representava nas paredes das cavernas as imagens propiciatórias do sucesso para as suas caçadas. Nesse caso, provavelmente a imagem seria a de um xamã muito respeitado — e recentemente falecido — cuja "essência invisível" seria invocada — para o sucesso na caçada de alces, cujas peles seriam necessárias para abrigá-los, por causa de um período excepcionalmente frio.

Por outro lado, julgar que as cavernas se constituíam em espécies de "academias" onde se aprendia a arte do entalhe escultural e as artes da pintura, em geral, é também um exagero desmedido; muito embora tais hipóteses tenham nascido a partir da interpretação dada às inúmeras plaquetas líticas contendo gravações de símbolos em profusão, sempre encontrados sob camadas geológicas, nas entradas dessas grutas.

As cavernas das quais estamos tratando, depositárias das magníficas pinturas rupestres realizadas em momentos do Paleolítico Superior, jamais serviram de moradia permanente às populações de então. Em Lascaux, por exemplo, com os seus 150 m de extensão, em seus recintos com 2 a 5 m de largura e outros tantos de altura, nunca foram encontrados sinais arqueológicos de habitação permanente. Ao contrário, artefatos líticos como raspadores, perfuradores, pontas de azagaias e lâminas de sílex cinzento foram encontrados em toda a extensão da caverna; também foram encontrados restos de corantes usados nas pinturas: pedaços de minerais, como as hematitas, fornecendo os óxidos vermelhos; a goethita, fornecendo as cores amarelas; a pirolusita, com o preto-azulado; o carvão de madeira, fornecendo o preto profundo, usado para o delineamento das figuras; a calcita, fornecendo o pigmento branco; os pedaços desses minerais encontrados mostravam-se raspados em estrias, indicando que seus pós eram judiciosamente misturados, obtendo ampla gama de cores nas pinturas finais. Esses fatos parecem indicar que as cavernas eram frequentadas, principalmente, pelos artistas-feiticeiros, que ali desenvolviam os seus avatares.

Como que confirmando essa frequência restrita, encontraram-se cerca de cem peças de archotes iluminantes: estes eram feitos em peças de arenitos. Com empunhadura longa, cilíndrica, gravados com símbolos diversos e idênticos àquele já encontrados em outras peças líticas; na extremidade desses archotes, havia uma cavidade onde se colocavam palhas embebidas por sebos extraídos das caças, o que formava um conjunto combustível mais duradouro.[48]

O poder de iluminação desses archotes não seria superior à iluminação de uma vela de cerada nossa atualidade. Decorre daí que a acuidade visual do homem primitivo deveria ser algo superior à nossa. Também decorre que, face às dimensões da caverna, poucas tochas poderiam ser acesas, simultaneamente: o oxigênio disponível sendo restrito, poucas pessoas poderiam ali permanecer, com as tochas acesas.

IV-2 – O totemismo e os "pais-fundadores"

O planeta Terra entrara em fase de aquecimento global, pondo fim à era glacial. O mundo se transformava, e os grandes animais, como os alces e os mamutes, desapareceriam da atual Europa, migrando para o Ártico; ou desapareceriam, por extinção da espécie.[49]

O mundo se transformava: as geleiras recuavam; o nível dos oceanos subia, inundando áreas anteriormente palmilháveis; surgiam florestas exuberantes, onde só havia glaciares. E a magia era desacreditada como meio para o entendimento e controle dos fenômenos que ocorriam!

---

[48] DELLUC, Brigitte et Gilles. *La caverne Peinte & Gravée de Lascaux*. Périgueux: Éditions Du Périgord Noir, 1984, p. 59-64.

[49] Nada conhecemos sobre as causas desse aquecimento global da atmosfera. Mas tal foi a sua intensidade que, certamente, se localizou no espaço sideral, entre a Terra e o Sol. Talvez, o fim da travessia de uma zona de poeiras estelares, com intensas radiações ionizantes? Como o saberemos? Somente a Astrofísica poderá nos dar uma resposta, a partir da observação do que ocorre com a atmosfera de alguns exoplanetas, atualmente acessíveis com o telescópio James Webb.

Nessas condições, mentes mais perspicazes se aperceberiam da ineficácia da magia; e, satisfazendo a inclinação natural do seu psiquismo, outra nova interpretação de mundo deveria ser elaborada: a MITOLOGIA será a ferramenta intelectual básica para essa nova concepção.

A mitologia é uma nova forma de pensar; e, como tal, é uma forma de pensar abstratamente. Assim, esse pensar definirá as qualidades humanas capazes da criação artística; e, por isso, tomará da magia o conceito de "forças naturais", aplicando-as àquelas qualidades humanas.

Contudo, colocará a origem dessas qualidades naturais nos "PAIS-FUNDADORES". Estes, em passado muito remoto, teriam sido aqueles que (como seres ideais que foram pensados) transmitiram as essências dessas FORÇAS PRODUTIVAS, como qualidades humanas e pessoais, como e por descendência paterna. É essa a essência do TOTEMISMO!

A vivência diuturna na horda havia mostrado aos indivíduos do Paleolítico Superior que as qualidades pessoais, das gentes, seriam transmitidas por via parental; porém, quanto mais próxima da mãe fosse a origem biológica do pai, maiores seriam as probabilidades do nascimento de um filho portador de anormalidades cognitivas e motoras. E essa ocorrência representava um verdadeiro "desastre" para as frátrias: a horda estava em constante deslocamento, para sobreviver da caça e da coleta; e cada membro tinha obrigações com a sobrevivência do grupo. Os casos de homozigotia poderiam comprometer a sobrevivência da horda, porque impediriam (ou muito dificultariam) a mobilidade do grupo.

Temos, pois, os elementos básicos para explicar por que os grupos formaram as famílias, e estas, os clãs: ao contrário das frátrias, as famílias tinham origem em um mesmo pai e uma mesma mãe.

Compreenderemos que essa transformação social somente se realizou no período cultural do Neolítico Superior. Esse estágio cultural seria alcançado com a sedentarização da vida cotidiana, nas aldeias que se formariam nas orlas das florestas temperadas. Nessas condições, e com o despertar de novas necessidades civilizatórias, as *forças produtivas* são despertadas, permitindo a manifestação das habilidades, e do saber fazer, de cada indivíduo.

Como nova visão de mundo, o ***TOTEMISMO*** se apresentou sob a forma de cultos coletivos, praticados pelos clãs, e nos quais são recordados e honrados os ***ANTEPASSADOS MÍTICOS***, tidos como os iniciadores biológicos daqueles clãs.

Na figura 3.10, vemos um exemplo de cultuação de um clã: o ágil caçador ali representado é um membro do clã do "lagarto". Essa informação nos é passada pelo desenho de um lagarto, discretamente colocado ao pé da figura; esse lagarto nada tem a ver com a cena retratada, razão pela qual concluímos ser essa representação a indicação de que o caçador seria um membro do "clã do lagarto", donde a sua grande agilidade, a qual é ressaltada na representação dos pés do caçador.

Às tradições de origem se agregaram outras, em especial as de alguns "Tabus" (proibições peremptórias). entre esses "Tabus", destaca-se a proibição do incesto, além de outras proibições referentes às condições de preservação do clã. Outras proibições dirão respeito a preservações de espécies, sobremodo daquelas relacionadas às origens do clã. Trata-se, pois, de reminiscências de fatos, cridos como tendo realmente ocorrido, sendo transmitidos oralmente nos grupos; serão, pois, mitos, repetidos geração após geração.

Fato notável é que, por se tratar de *mitos*, pela primeira vez identificar-se-ia o aparecimento de um novo tipo de pensamento: o **PENSAMENTO ABSTRATO**. Anteriormente, comentamos a conceituação de Lucien Lévy-Bruhl sobre o pensar do homem do Paleolítico Superior, e aplicamo-la à nossa hipótese sobre o "pensamento mágico". Convém seja lembrada, aqui, a conceituação de Lévy-Bruhl:

> Não havia distinção intelectual entre os seres naturais, visíveis, e os seres sobrenaturais, invisíveis, gerados pelo seu *misticismo* incipiente: o conjunto dos seres visíveis era parte integrante do conjunto dos seres invisíveis, e esses últimos não deixavam de ter uma realidade tão concreta como aqueles outros.

Além disso, animais e seres humanos eram considerados parte de uma simples "diferenciação" das suas naturezas, e que em um passado mais ou menos remoto teriam vivido em estado de plena integração, comunicando-se uns com os outros. Comentaremos oportunamente esse mito, com mais detalhes, em título a seguir.[50]

Com o fim da glaciação, e com a evolução social da horda, então organizada em frátrias, também teriam surgido as especializações em tecnologias (ou, dito de outra forma, em saberes práticos), traduzindo as habilidades, tais como: extração e preparação de pederneiras, para acender fogos; fabri-

---

[50] CAMPBELL, Joseph. *As máscaras de Deus*. São Paulo: Editora Palas Athena, 1992, p. 312-313.

cação de pontas de dardos e de arpões, lâminas de sílex cortantes; artefatos em bambus e outras fibras vegetais, tais como agulhas e fios para costuras, cestos e implementos para a pesca de mariscos e outros frutos do mar, de rios e lagos; retirada e preparação de peles de animais, para proteção contra o frio; fabricação de contas para colares e pulseiras, em marfim, e muitas utilidades mais. Surgem, também, as habilidades em domesticar animais e cultivar plantas e raízes. A presença dessas habilidades distinguiria um grupo do outro e, principalmente, identificaria as razões de uma eventual superioridade e hegemonia de uns sobre os outros, que passariam a ser exercidas de fato sobre os demais. Serão relevantes na determinação dessas hegemonias as razões subjetivas das necessidades de cada grupo para determinadas utilidades.

Assim, é compreensível que os membros de alguns grupos mais assemelhados em habilidades, na busca de uma hegemonia efetiva sobre os demais, se atribuíssem antepassados fundadores comuns — os "pais-fundadores". Esses grupos assemelhados viriam a constituir os clãs. Tendo em vista as observações etnológicas de Lévy-Bruhl, não será difícil entender o surgimento da mitologia dos "pais-fundadores": eles representarão as grandes e admiradas forças naturais, que se transmitiriam, por força da hereditariedade parental paterna, àqueles grupos considerados como assemelhados.

Notemos que o pensamento mágico ainda justificaria o fato de serem tais forças naturais, representadas por qualidades físicas apreciadas, admiradas e presentes em certos animais e vegetais, tidas como os pais e fundadores — por exemplo, a força de um touro; a agilidade de um felino; a acuidade visual de uma águia; a (crida) longevidade de uma serpente; a altivez de um cedro; ou ainda a robustez deum baobá.

Mas há que se explicar a questão dos "Tabus". Em primeiro lugar, os "Tabus ecológicos", em princípio bastante surpreendentes, ao surgirem entre caçadores: compreende-se que um grupo que se supõe descender de um dado animal (um felino, por exemplo) interdite a caça a esse animal e, até, os proteja de outros caçadores, quando em seu território. A condição fundamental para tal comportamento será dada pela superação cultural do estado de antropofagia, sem o que não poderia haver padrões éticos referenciais para tanto.

Em segundo lugar, deveremos considerar o "Tabu" resultando na proibição do incesto. Esse é um assunto culturalmente instigante, porque resultou em ordenação social de ato natural que, até então, era da livre escolha entre machos e fêmeas da horda nômade. Além das motivações ligadas ao despertar das forças produtivas, já comentadas anteriormente, acreditamos ter sido a constatação continuada das desastrosas consequências, para o grupo, dos cruzamentos consanguíneos o que levou ao Tabu dos incestos. De fato atualmente a taxa de ocorrência de casos de homozigotos nas populações urbanas é de 1,5 a 2%; e, nos casos de cruzamentos familiares de primos até segundo grau, essa taxa se eleva para cerca de 8 a 10%; podemos supor que, no caso de populações tão restritas, vivendo em pequenos grupos, e forçosamente nômades, esse índice poderia se elevar a 30%. Então, o aparecimento de deformações físicas e mentais, congênitas, mas recessivas, em alguns nascituros, poderia ter assumido níveis insustentáveis para aqueles grupos. E, ao qualificarmos como "insustentáveis" aqueles eventos, estamos pensando nas dificuldades do viver nômade, na faina de conseguir a sua alimentação do dia a dia. Em tais condições, crianças com anomalias genéticas se tornariam em peso insuportável, ameaçando a própria sobrevivência do grupo.

É também, nesse momento, o tempo em que era iniciada a construção de redes de interdependências do pensar e do agir dos indivíduos, que, envolvidos na busca de novas soluções aos seus problemas de sobrevivência, criam possibilidades de superação daqueles problemas. Dada a sua importância para a sobrevivência dos grupos, essas formas de pensar e agir são estampadas no inconsciente coletivo dos grupos, e viriam por se constituir em conjunto de procedimentos, entre os quais o "Tabu" dos incestos. Além deste, identificamos outras normas de procedimentos, atualmente pensadas como "forças produtivas".[51]

Identificamos, pois, o Totemismo, como forma de manifestação social, simbólica e transitória, das reações àquelas necessidades fundamentais de sobrevivência. Desaparecerão tais necessidades, naqueles grupos sociais que, com a evolução das suas organizações sociais, e com a superação da sua cultura neolítica, evoluírem para além daquela que a precedera. Não obstante, alguns caracteres que se mostraram fundamentais à sobrevivência continuada dos grupos permanecerão estampados no inconsciente coletivo dos grupos humanos, tais como a regulamentação do incesto e a perenização das forças produtivas.

---

[51] As "Forças Produtivas" se constituem em conceito surgido durante a Idade Moderna. forjado por Karl Marx, nos seus escritos sobre Economia Política, passou a ser conceito fundamental do materialismo histórico. Quer traduzir o conjunto de motivações psíquicas que levam o ser humano a superar-se em evolução cultural, criando meios para viver.

IV-3 – O pensamento mítico

As razões que orientaram a evolução social para as formas totêmicas são discutidas até o presente, sem que se anteveja qualquer concordância entre os estudiosos do assunto. Contudo, é reconhecido ser o totemismo uma progressiva (e evolutiva) passagem entre diversas visões de mundo: do "pensamento mágico", prevalente na horda, para o "pensamento mítico", que dominará o desenvolvimento cultural até os primórdios do período Calcolítico.

Entre as visões de mundo presentes no totemismo, destacar-se-á a questão da proibição do incesto, porque fundamental para a futura organização social em "famílias". Em outras palavras: a evolução do matriarcado para patriarcalismo. Tão importante foi essa transição cultural que, bem mais tarde — já no início do período cultural do Ferro —, o judaísmo pós--exílico o retomaria compondo nova versão, e o inserindo no mito bíblico: a expulsão de Adão e Eva do jardim do Éden, tal como o declara o versículo 16, capítulo3, do Gênesis: entre as maldições de Yahweh, está o patriarcado.

Caberia, então, a pergunta: porque, sendo o relacionamento sexual livre de quaisquer convenções reguladoras, o incesto se tornou proibido (ou "Tabu") sob a sociedade "totêmica"? Múltiplas respostas têm sido propostas a essa pergunta, mas todas passando por motivações ético-religiosas, sempre ligadas ao totemismo como manifestação de religiosidade em dada sociedade.[52]

Não aceitamos tais interpretações, sobremodo porque, no horizonte histórico em que nos situamos (período cultural do fim do Paleolítico Superior), não haveria ainda a presença de qualquer forma de pensamento abstrato, logo, qualquer forma de religiosidade ou de pensamento metafísico. Temos sugerido que o pensamento abstrato surge precisamente gerando o totemismo!

Não obstante, podemos crer que, certamente, esse foi um período cultural em que estariam surgindo as *"forças produtivas"* entre os membros mais operosos da sociedade em formação; a observação e a reflexão emergentes mostrariam que a capacidade geradora de bens essenciais à sobrevivência do grupo social estava contida naquelas "forças produtivas", que, fatalmente, incluíam uma primitiva divisão do trabalho (os "caçadores", que se tornavam "criadores", a partir da domesticação de certas espécies; e os "coletores", que se tornavam "agricultores", após a descoberta e a domesticação das espécies vegetais; a produtividade agrícola seria muito grande nesses primórdios!).

---

[52] DURKHEIM, Émile. *As formas elementares da vida religiosa*: o totemismo na Austrália. São Paulo: Paulus, 2017.

Por outro lado, também foi percebido que a endogamia era uma das possíveis responsáveis pelos percalços trazidos ao pleno exercício daquelas "forças produtivas" e pela própria sobrevivência dos grupos. A reflexão continuada sobre essas questões leva o *Homo sapiens* a pensar:

> *Eu estou no mundo e sou diferente de tudo o que me cerca. A final, por que sou mais forte que este meu irmão, enquanto aquele outro é mais veloz, e o outro é mais hábil com as mãos; e por que alguns são frágeis e incapazes para sobreviver por si mesmos, embora sejamos filhos da mesma mãe?*

Esses novos pensares, apoiados nas experiências vivenciais acumuladas, conduzirão ao questionamento sobre a ordem social nas frátrias; nelas, o matriarcado não apresentava — tal como a magia — nem orientações, nem perspectivas para a compreensão do problema da adequação sexual à sobrevivência dos grupos.

A solução — ainda, como no modelo do "pensamento mágico" — será ficcional e alegórica; mas, agora, subordinando-se a uma cadeia de causas e efeitos ligados às "certezas" e às "incertezas" dos conhecimentos acumulados.[53]

Como visão de mundo, esse pensar se fixará como um dos primeiros mitos: uma jovem é desposada por dada figura mítica (animal ou vegetal, segundo a cultura local) e, dessa união, surge uma prole; a prole guardará a forma humana, herdada da mãe, e as qualidades físicas e morais recebidas do pai. Esse grupo constituirá uma família. As relações de origens entre pais e mães deverão ser, necessariamente, as mais longínquas possíveis, donde a proibição da endogamia e a obrigatoriedade da exogamia.

Essa distância passa a ser medida pela consanguinidade parental, materna e paterna, donde a proibição do incesto. As "certezas" de que o conhecimento de tais práticas conduziria à estabilidade da sobrevivência dos grupos conduzem ao aparecimento do "Tabu" do incesto.

Percebemos que o totemismo nasce na busca de um referencial, pessoal e definidor, com relação aos parentescos nos grupos; dessa forma, o totemismo orientará a reprodução segura e continuada das descendências. Tornadas exogâmicas. A sobrevivência longeva dos seus membros é o objetivo principal.

No período que agora examinamos, de profundas transformações culturais, o *"pensamento mágico"* seria contestado e perderia a sua impor-

---

[53] VIEIRA, Eurípedes Falcão. Certezas e incertezas na evolução do pensamento. *Cadernos EBAPE-FGV*, Rio de Janeiro, v. 6, n. 4, dez. 2008.

tância, porque a concepção de um mundo mágico, em que a natureza seria susceptível de ser comandada pela intervenção dos xamãs, é substituída por nova e radical representação: entre cada dez indivíduos do grupo, apenas dois estarão ocupados produzindo a alimentação para todos os demais; os oito restantes poderão se ocupar — atendendo aos apelos das forças produtivas — em realizar miríades de utilidades, tornando a vida mais fácil e prazerosa. A partir de então, tem início a "geração de excedentes" do trabalho humano, com inesperadas consequências sobre a organização social das gentes. Terá início, aqui, a construção das classes sociais.

Figura 4.3 – Um totem da cultura neolítica norte-americana. Totem tribal, no Arizona, séc. 20

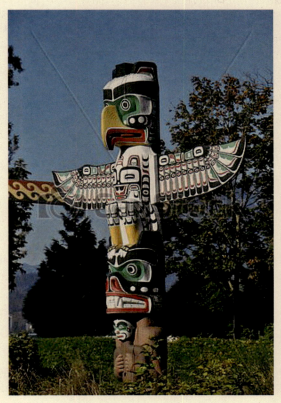

Pela sua importância, retornemos às considerações sobre o "Tabu dos incestos": em múltiplas e variadas culturas, recolhemos mitos que se referem a tal orientação, visando à constituição de famílias nucleares. Exemplifiquemos, com o mito — também neolítico — de um casal heteromórfico (uma serpente que se casa com uma rapariga humana); esse mito foi recolhido em cultura aborígene, muito primitiva, entre os habitantes caçadores- coletores, da ilha do Almirantado, na costa da Nova Guiné.

Trata-se de mito que também se relaciona à conquista do fogo e do seu uso na preparação dos alimentos (entre os quais raízes cultivadas), mas, também, relativo aos *"pais-fundadores"* de um clã. O mito se refere à história de uma serpente e uma rapariga que se casam e têm um casal de filhos; em dado momento, a serpente mostra aos seus filhos que eles comem alimentos crus, inclusive peixes, pescados nas proximidades, mas que eles poderão cozer esses alimentos usando o fogo; ensina-lhes, a serpente, como obter o fogo.

Constata-se que a permanência do "Tabu" do incesto, fator fundamental ao estabelecimento da exogamia (aqui reforçada com a constituição de uma família que, além de exogâmica, é heteromórfica).[54]

É interessante observar que também a mitologia grega se preocupava com os efeitos da endogamia: na *Teogonia*, de Hesíodo, encontramos manifestações desse "Tabu" — o mito da emasculação de Urano, por seu filho, Cronos.[55] Voltaremos a esse mito, mais tarde.

Em título anterior, já havíamos feito referência a esse mito; insistimos em sua consideração, para realçar a abrangência universal desse "Tabu".

A nova organização social resultante da adoção irrestrita da exogamia conduziu à formação dos clãs. Mas, nas condições daquele momento, em que, pela vez primeira, se manifestavam as "forças produtivas", o que caracterizaria um clã? A resposta a essa pergunta evidenciará dois aspectos: o primeiro, qualitativo, ressaltará uma especialização dos seus componentes; serão muito habilidosos e eficientes na criação e produção de bens utilitários (os alfaiates, os marceneiros, os oleiros, os moleiros etc.). em outras palavras, os clãs se constituiriam dos grupos de "herdeiros" das qualidades dos seus "pais-fundadores". Na realidade, o mito dos "pais-fundadores" nos dará uma interpretação sobre o surgimento das "forças produtivas", e das suas qualidades; estas não serão mais que as manifestações naturais das "forças produtivas", despertadas nos diversos grupos. Contudo, o mito nada nos dirá sobre a segunda característica dos clãs: é uma característica funcional, que

---

[54] CAMPBELL, Joseph. *As máscaras de Deus*. São Paulo: Editora Palas Athena, 1992, p. 312-313.

[55] Cronos, penalizado com os sofrimentos de sua mãe, Geia, que lhe são impostos por Urano, mutila-o, jogando ao mar a sua genitália; do seu pai; e, da mistura ensanguentada do seu sêmen com as espumas do mar, surge a deusa Afrodite. ver Título V. Ver também: FERRY, Luc. *A sabedoria dos mitos gregos*: aprender a viver II. Rio de Janeiro: Objetiva, 2012.

HOMO CREATOR: PENSANDO UM MUNDO EMERGENTE — UMA HISTÓRIA

se cristalizará sob a ação evolutiva da cultura daqueles grupos: as "classes sociais" surgirão, caracterizando as novas sociedades humanas. Voltaremos a considerá-las mais adiante. No momento, assinalaremos que, no curso da sua evolução social, durante a Idade Média, os clãs se verão transformados em "corporações de ofícios".

As qualidades específicas de cada clã passam a distinguir os seus membros. Em verdade, eles se tornam portadores dos saberes tecnológicos que os levam a posições de liderança e mando, dentro dos grupos sociais.

Para cada clã, as figuras representativas dos seus "pais-fundadores" serão esculpidas — em madeira ou em outro material dúctil — e apresentadas com destaque, no topo de uma espécie de poste. O poste poderá ser decorado com outras figuras, uma sobre a outra, em uma ordem qualquer; a figura assim obtida é o "TOTEM" e é como que o símbolo representando a própria identidade de todos os membros do clã, como mostrado na figura 4.3.

A partir da sua introdução e implantação, o totem será o lugar de comemorações festivas e da ação social do clã. Será o polo irradiador dos cultos coletivos à ancestralidade clâmica, e de onde derivarão todos os futuros cultos e altares familiares, quando a organização do clã for substituída pela organização familiar, que se imporá somente após a sociedade ter-se tornado sedentária (provavelmente, durante o Calcolítico).

Notemos que os animais extintos — como o mamute ou o tigre-dentes-de-sabre, e outros que migraram para as regiões muito frias, como o bisão ou os alces — nunca são representados como pais-fundadores. Esse fato parece indicar o período da consolidação dos clãs, situando-se no Mesolítico Inferior (cerca de 12.000 a.C.), quando esses animais já não participavam do dia a dia dos caçadores-coletores.[56]

Isso posto, reafirmemos:

> Um MITO não é mais do que qualquer história narrada. Mas, em uma história como a dos "pais-fundadores", o MITO não se limita à narração de uma história; o MITO se referirá a uma realidade cujos partícipes não a conseguem entender plenamente; dessa forma, a sua narração será traduzida por meio de uma alegoria, a qual será assimilável por um dado sistema cognitivo, em dado estágio de desenvolvimento. O MITO sempre se refere a uma realidade complexa, parecendo muito difícil de ser assimilada pelo grupo em que foi gerado. O MITO sempre será a explicação de fatos ancestrais,

---

[56] GOWLETT, John. *Arqueologia das primeiras culturas*. Barcelona: Edic. Folio, 2007, p. 155-157.

oferecida a uma dada sociedade; e, assim sendo, essa explicação estará, também, sempre sujeita a múltiplas interpretações, o que os torna ainda mais complexos à nossa apreciação. Contudo, o MITO jamais será "qualquer mentira inventada".

Na sua origem, o *Totemismo* é forma evolutiva do "pensamento mágico", na qual as figuras dos *"seres invisíveis"* são substituídas por figuras alegóricas, mas com alguma homotetia em relação ao mundo real. A sua criação resulta da própria geração dos mitos, entre os quais o mito do "Pai-Fundador" é exemplar.

No Título IV, estudamos esse mito, cuja origem está perdida nos tempos, mas que acreditamos encontrar uma primeira referência na *Teogonia*, de Hesíodo.[57] Em outro ponto desta obra, externamos a nossa opinião sobre o mito do "assassinato do pai primevo": cremos que esse mito não é eficaz para explicar o aparecimento do totemismo; de fato, ele é um mito moderno (século 19), criado por Sigmund Freud, para embasar a sua muito feliz teoria psicanalítica. Contudo, não é mito historicamente recuperado da antiguidade.

IV-4 – O clima, os mitos e as civilizações

Um importante fenômeno cultural ocorreria desde os fins do Paléolítico Superior e o início do Protoneolítico: o aprimoramento de uma nova variante do pensamento abstrato, qual seja o ***pensamento mítico***.

As imagens geradas em consequência das primeiras respostas às ocorrências vivenciadas durante o degelo que ocorria (fim da era glacial, em cerca de 17.000 a.C.), em consequência de se terem fixado no inconsciente coletivo dos povos, seriam repetidas por memória, geração após geração; e repetidas como histórias exemplares que, ao chegarem às culturas letradas, seriam registradas documentalmente. É verdade que tais registros serão realizados com intenções religiosas e/ou políticas de dominação de um dado grupo sobre outros, mais fracos. Dessa forma, os relatos conterão alterações tais que jamais permitirão a recuperação da sua versão original. Contudo, leituras atentas nos permitirão aproximações mais consentâneas e mais verossímeis.

Essas histórias serão os MITOS, que assim se constituem em formas fantasiosas e idealizadas; elas refletirão um entendimento das relações homem/mundo natural. Serão relatos de *histórias exemplares*, que assumiram certa importância na vida diuturna daquelas frações sociais, que as teriam vivido. Ficaram registradas, por *estampagem*, em seus inconscientes coletivos.

---

[57] HESÍODO. *Theogonia*: a origem dos deuses. Lisboa: Iluminuras, 1985.

Por muito importante, citaremos o mito de Adão e Eva e sua "expulsão do paraíso terrestre". Muito conhecido por meio do relato bíblico no *Livro do Gênesis*, é mito que nos chegou a partir da cultura hebraica, hoje tornado em tradição religiosa. Esse mito nos fala da primeira "desobediência" às divinas disposições de um deus criador de Judá. Mas, em realidade, quer introduzir uma obediência ao poder político assumido pelos sacerdotes judaístas do Templo de Jerusalém, no pós-exílio propiciado pelo domínio persa, de Ciro.[58]

Contudo, outra interpretação desse mito falaria do continuado desenvolvimento do Ego do *Homo sapiens*; o "fruto da árvore da sabedoria" seria uma alegoria representativa de um momento do período cultural do Paleolítico Superior, quando o *H. sapiens* se reconhece distinto dos demais hominídeos, seus contemporâneos. Refere-se a momento da evolução humana que permitiu aos novos seres distinguirem-se uns dos outros, como individualidades; permitiu a cada qual reconhecer-se diferente do resto da natureza; permitiu-lhes pensar reflexivamente, traduzindo o mundo que os cercava em imagens representativas; permitiu-lhes adquirir o sentido do tempo que passa, de forma igual para todos; finalmente, permitiu-lhes falar e sonhar com o seu futuro.

Enfim: era do despertar da consciência que o mito tratava, e era ela — a consciência — a própria ***árvore da vida***. Por tudo isso, o *H. sapiens* se descobre como um cocriador.

O polissêmico mito de Adão e Eva apresenta circunstância excepcionalmente elucidativa, da antiguidade da sua origem: há uma flora exuberante e tropical; e há uma serpente, que dialoga com os humanos. Essa circunstância nos leva a situar sua origem entre 17.000 e 7.000 a.C., ou seja, entre o fim do período cultural do Paleolítico Superior e o início do Neolítico. Foi nesse período cultural que situamos a consolidação do Totemismo, o qual originou o sistema de organização social do "patriarcado" e os cultos totêmicos decorrentes. É, sobremodo, dessa evolução — do matriarcado ao patriarcado — que o mito também nos fala. E, se lermos atentamente Gênesis, em seu capítulo 3, constataremos que, no versículo 17, a origem do patriarcado está formalmente registrada: faz-se a divindade falar à mulher que, entre as demais maldições, ela passará a obedecer aos ditames do seu marido.

---

[58] BÍBLIA SAGRADA (versão traduzida do hebraico e do grego, pelos monges Beneditinos de Maredsous, Bélgica). São Paulo: Editora "Ave Maria", 1959, tít. 3, vers. 1-25.

Joseph Campbell também situa um mito de especial interesse para o estudo do totemismo: a lenda da serpente que se casou com uma jovem humana, com a qual gera um casal de filhos, humanos (não estaria, aqui, uma equivalência oral e pretérita ao mito judaico de Adão e Eva?). A serpente ensina aos seus filhos a arte de obterem o fogo e, com ele, cozer os alimentos: peixes, raízes e frutos. Esse mito é citado como parte das tradições culturais surgidas a partir da expansão paleolítica, a partir da África, e abrangendo o Oriente Médio, a Arábia e a Melanésia. Não seria surpreendente encontrá-lo presente, também, no Oriente Médio e no continente europeu, sobremodo nos altiplanos da Anatólia, porque locais das primeiras manifestações de habitação sedentária do *H. sapiens*.[59]

O período situado entre o 17° e o 7° milênios anteriores à nossa era foi de excepcional importância para a evolução da humanidade; as mudanças climáticas decorrentes do aquecimento planetário global (recuo dos glaciares para as zonas polares) conduziu a um estuar de vidas. As tundras enregeladas são substituídas por florestas e campinas temperadas, onde flora e fauna se desenvolvem extraordinariamente. Para os *Homo sapiens*, novas formas de sociabilidades são experimentadas: os grupos se expandem (aumenta a sobrevida dos indivíduos) e as frátrias se cindem em famílias e clãs; o nomadismo se arrefece, pouco a pouco, porque novas maneiras de manipular a natureza são antevistas e praticadas: as primeiras formas de domesticação das raízes comestíveis, e dos grãos, em geral, são dominadas; percebem-se as vantagens e as possibilidades da domesticação de várias espécies animais, a partir dos cães, que se tornam os fiéis companheiros das caçadas e da guarda de segurança noturna, contra as feras notívagas. Dessa forma, no fim do período citado, já se assinalariam, no Oriente Médio, na Ásia Menor e no continente europeu, assentamentos humanos — tribais — que poderiam contar com cerca de cem indivíduos, até alguns milhares, socialmente organizados.

Em particular, assinalem-se as formidáveis estruturas líticas de Göbekli Tepe (Sudoeste da Turquia), datando de 9.500 a.C.; e onde foram encontrados importantes vestígios da domesticação do trigo silvestre.[60] Também nos altiplanos da Anatólia (Sudoeste da atual Turquia), onde foram encontrados vestígios de grandes assentamentos humanos, de pré-agricultores e pastores, datando de 7.000 a.C.

---

[59] Robert Heine-Golden *apud* CAMPBELL, Joseph. *As máscaras de Deus*. São Paulo: Editora Palas Athena, 1992, p. 313-315.

[60] HARARI, Yuval Noah. *Sapiens*: uma breve história da humanidade. 23. ed. Porto Alegre: LP&M, 2017, p. 98-101.

HOMO CREATOR: PENSANDO UM MUNDO EMERGENTE — UMA HISTÓRIA

Nessas sociedades, as mais evoluídas e já entradas na Idade do Cobre, os mitos — mesmo os mais antigos, sempre refundidos com a inclusão de novos detalhes, próprios dessas novas culturas — se tornam mais elaborados, embora ainda se caracterizando pelo fato de os animais tomarem parte muito ativa e dialógica em sua formulação. Essa participação se torna mais evidente nas religiões praticadas nas civilizações nascentes, na Caldeia, na Babilônia e no Egito. Todas essas civilizações eram de agricultores e pastores, tais como aquelas que gerariam as versões finais, judaico-cristãs, desses mitos, como os de Adão e Eva e de Noé.

O mito de Noé e do dilúvio universal — tal a sua presença entre todos os povos — terá sido originado entre as civilizações do Oriente Médio e da África Setentrional, e naquelas ribeirinhas do Mar Mediterrâneo. Os acontecimentos narrados se passaram em momento em que o nível dos mares estaria situado cerca de 70 a 90 metros abaixo dos níveis atuais, em decorrência do resfriamento glacial que o planeta sofria; eram, portanto, regiões com feição territorial muito diversa da atualidade, e que hoje somos incapazes de reconstituir. Não obstante, acreditamos que teriam sido constituídas de terras férteis e apresentando flora rica e exuberante; seriam áreas habitadas por fauna subtropical variada, e percorridas e habitadas pelos *Homo sapiens* desde o 70° milênio antes da nossa era.

Seria em tal contexto que o degelo dos glaciares se processaria. E, entre os 17° e 12° milênios, a elevação das temperaturas ambientes conduziu à evaporação acelerada das águas do degelo, produzindo chuvas torrenciais, continuadas e intensas; como resultado, sobrevêm as grandes inundações e a subida constante dos níveis dos mares, submergindo definitivamente aquelas extensas áreas.

Estariam postas, então, as condições ambientais para o surgimento do mito rememorando o acontecimento real que, de fato, foi abrangente e devastador. Tão marcante ele foi que se estampou no inconsciente das populações então habitando aquelas áreas, hoje submersas. Com base nesses fatos, foram construídos mitos sobre um *Dilúvio Universal*; entre as suas múltiplas variantes, permaneceu a versão judaico-cristã, de Noé e sua "Arca da Aliança".[61]

Demonstrando que a propensão em pensar alegoricamente é uma propriedade da estruturação psíquica do *Homo sapiens*, também na região da Anatólia e da Mesopotâmia, surgiram mitos não menos importantes, da

---

[61] BÍBLIA SAGRADA (versão traduzida do hebraico e do grego, pelos monges Beneditinos de Maredsous, Bélgica). São Paulo: Editora "Ave Maria", 1959, Gênesis, tít. 8 e 9, vers. 1 a 28. Essa versão é, nitidamente, de origem sacerdotal: a "Arca" é o próprio Templo, onde Noé fará o primeiro grande sacrifício votivo a Yahweh.

civilização indo-europeia: em mitos certamente derivados dessas culturas a tradição judaico-cristã relata que, mesmo após o "castigo divino" do dilúvio, o *Homo sapiens* continuaria a desafiar a deidade; aqui, à feição dos megálitos de Göbekli Tepe, terá sido construída a *"Torre de Babel".*[62]

O novo "castigo" teria sido a criação de várias línguas de expressão entre aqueles povos, e a consequente perda da comunicação entre eles; segue-se a dispersão dos povos. O texto bíblico sugere, pois, uma grande concentração de povos, seguida de uma grande migração dessas populações.

De fato, entre esses grandes deslocamentos de populações, podemos situar aquele envolvendo o patriarca Abraão, sua gente e seus rebanhos, onde se encontram as raízes do povo hebraico. Podemos imaginar que tal migração traria consigo as tradições de vários relatos míticos muito antigos que, após o letramento do povo israelita, se incorporaram a novas tradições, todas elas vindo a se integrarem no Pentateuco.[63]

---

[62] Heródoto, historiador e geógrafo, nos relata que, em estando na cidade-Estado da Babilônia, visitou a "Torre de Babel". Descreveu-a como uma maciça construção em tijolos vidrados, assentados com betume: um elevado zigurate, no topo do qual havia um santuário, servido por inúmeros sacerdotes, e mobiliado com peças de fino lavor, em ouro. Diziam os sacerdotes que, no dia de Ano-Novo de cada ano, o deus Marduk descia dos céus e passava a noite em festa bacante, com jovens donzelas para isso escolhidas na população. Ver, também: BÍBLIA SAGRADA (versão traduzida do hebraico e do grego, pelos monges Beneditinos de Maredsous, Bélgica). São Paulo: Editora "Ave Maria", 1959, Gênesis, tít. 8 e 9, vers. 1 a 28.

[63] ROMER, John. *Testamento*: os textos sagrados através da História. São Paulo: Melhoramentos, 1991, p. 15-31.

TÍTULO V

O PENSAMENTO ABSTRATO: OS MUNDOS "SAGRADO" E "PROFANO"

O primeiro questionamento manifestado pelo *Homo sapiens*, e que se tornaria recorrente ao longo da sua história, recebeu várias respostas. As duas primeiras delas — a MAGIA, e logo após o TOTEMISMO — foram examinadas nos Títulos III e IV, vistos anteriormente.

Dizia aquele questionamento:

> Se eu Sou, e sou diferente de tudo o que me cerca, em particular das forças naturais que se manifestam neste mundo, e contra as quais eu nada posso, como poderei me relacionar com elas?

E as últimas respostas a esse questionamento gerariam as formas MÍTICAS de pensar as novas representações de mundo, também traduzidas por novas organizações sociais que se instalariam.

As "incertezas" geradas pelo pensar reflexivo incipiente, quando operando sobre o mundo concreto então conhecido, sugeririam correlações poderosas entre as *causas* e os *efeitos* dos fenômenos vivenciados. Contudo, longe estava desse mundo intelectual o surgimento do "pensar científico". Não obstante, "*causa e efeito*" eram como que uma das fatalidades que se manifestavam a partir das *forças produtivas*, naturais, então intensamente despertadas.

O novo caminho aberto à reflexão do *Homo sapiens*, permitindo-lhe ensaiar novas representações para o seu mundo, seria realizado em uma nova e inexplorada instância do pensar. O ***PENSAMENTO ABSTRATO***.

Tal como durante o predomínio do pensamento mágico, anteriormente examinado, o *H. sapiens* continuaria a ensaiar novos meios de relacionamento com a complexidade do mundo que o cercava; mas, agora, o faria a partir do TOTEMISMO, que essa forma de socialização já lhe havia dado notável evolução social. De fato, com a figura também mítica dos "PAIS--FUNDADORES", ele deixara a horda e se tornara sedentário. Em outras palavras: ele marchara para a sua profunda **REVOLUÇÃO COGNITIVA**.

Em torno desses mitos, surgiriam atitudes positivas, fomentadoras da estabilidade das formas sociais do patriarcado: a organização social das famílias, clãs e tribos, estabilizando progressiva longevidade aos seus membros. As hordas se desfariam paulatinamente; os hábitos sedentários se instalariam... Agora, haveria um preciso contexto em que as *forças produtivas* se manifestariam intensamente, e as especializações em "fazeres" também se estabeleceriam; em particular, surgiriam os "pastores" e os "agricultores", bem como os primeiros conflitos de interesses, poderosamente perpetuados no mito bíblico sobre Caim e Abel. Surge o Totemismo, como organização social.

Contudo, o totemismo também se extinguiria, rapidamente. A mitificação do *patriarcado*, ao atribuir um significado místico à figura do "*Pai-Fundador*", que passaria a ser deificado e cultuado nos clãs, fugiria à naturalidade da evolução humana. Desse modo, outras formas de interpretar o mundo se apresentariam.

De fato, a organização dos clãs se comporá de FAMÍLIAS, reunidas em torno de um pai e uma mãe. O pai será o chefe da família, secundado pela mãe. Os sentimentos de fraternidade serão transferidos das *frátrias* para as famílias; em consequência, o matriarcado desaparecerá progressivamente.

A evolução psíquica da qual estamos tratando — o *surgimento do pensamento abstrato* —, bem como *uma* **das suas consequências**, a organização social decorrente, ter-se-ia passado durante um período cultural bastante longo, iniciado em cerca de 40.000 anos antes da era cristã. Essa evolução ter-se-ia manifestado, timidamente, nas primeiras criações lítico-imagéticas do *H. sapiens*, ainda no fim do Paleolítico Superior. Robustecer-se-ia durante o Protoneolítico, vindo a caracterizar-se como o PENSAMENTO MÍTICO, no período Calcolítico.

A partir dessa dita "Idade do Cobre" — o período Calcolítico —, o pensamento mitológico alça voos surpreendentes, nas cidades do Egito Antigo e nas primeiras cidades-Estado da Mesopotâmia.

Anteriormente, já o encontraríamos nos megálitos da Ásia Menor, bem como nas civilizações do subcontinente indiano.

Esse movimento cultural se estenderá até após 2.000 a.C., dando consistência à humanidade reunida nas civilizações indo-europeias.

Mas esse pensar explodiria em toda a sua criatividade quando associado ao **pensamento filosófico**, surgindo na Grécia Antiga; ele se apresentará como a *MITOLOGIA DA GRÉCIA ANTIGA*, entre os séculos 7° e 6° a.C., caracterizando o florescimento das "*cidades antigas*".[64]

---

[64] É o período em que aparecem, entre outros, Homero, com suas *Ilíada* e *Odisseia* e HESÍODO, com a *Teogonia* e *O trabalho e os dias*.

HOMO CREATOR: PENSANDO UM MUNDO EMERGENTE — UMA HISTÓRIA

Dito de outro modo, o ato de pensar abstratamente se desenvolverá com o próprio psiquismo do *H. sapiens*, vivendo em constantes trocas de experiências, ideias e informações com outras culturas, também criativas; e à medida que ele se amoldasse às novas necessidades sociais, despertadas por aqueles contatos.

Aqui, devemos destacar o que podemos caracterizar como "*a magia do comércio de trocas*", excepcionalmente ativo entre os povos ribeirinhos do Oceano Índico e através da Mesopotâmia e da Anatólia; também, com os povos ribeirinhos do Mar Mediterrâneo, sobremodo com Chipre, Sidon, Tiro e Biblos. Eram as primeiras manifestações dos efeitos da sociabilização e do compartilhamento das informações sobre os "saberes" de cada povo.

O período entre os 6° e 3° milênios a.C. é o tempo em que as "forças produtivas" se manifestaram em toda a sua intensidade, entre os povos organizados, sedentariamente, em aldeias e cidades. Algumas práticas de acumulação de excedentes das atividades agrícolas e pastoris também se iniciam, enquanto as tecnologias, como a cerâmica, da produção do bronze e as artes construtivas, se desenvolvem. Em particular, conquistam-se as cerâmicas decorada com pinturas ao "pequeno fogo" (decoradas em motivos geométricos); conquista-se a "cerâmica de grande fogo", com a invenção dos tijolos vidrados; as artes construtivas se desenvolvem, e os zigurates passam a ser construídos como torres.

A tecnologia das cerâmicas permitiu garantir a preservação dos azeites e dos vinhos, quando armazenados nos recipientes fabricados com aquelas cerâmicas. Houve um grande incremento do comércio entre os povos; desenvolveu-se a navegação nos mares interiores, em particular no Mar Mediterrâneo, além da cabotagem ao longo das costas do Oceano Índico.

Ao período *Calcolítico* (Idade do Cobre), seguiu-se a "Idade do Bronze", marcando o início das cidades antigas (o Calcolítico, durando até 2.000 a.C., e a partir daí tem início a "Idade do Bronze"), e também se inicia a História Antiga, com registros escritos em placas de argila, e em monumentos líticos, construídos com fins específicos da exaltação de personalidades, com finalidades políticas de dominação dos povos.

A organização social em clãs teria surgido após o fim do período glacial (aproximadamente em 12.000 a.C.), quando os povos primitivos, evoluindo no sentido de superar o estado de horda, abandonam, definitivamente, as práticas de vida nômade, também impropriamente ditas "das cavernas".

É esse um momento de profunda transição no estilo de viver dos grupos humanos: a mudança do clima faz com que desapareçam as tundras geladas e, no seu lugar, surjam as florestas temperadas e os campos gerais; nestes, a caça de animais de médio e pequeno porte torna-se produtiva, enquanto animais de grande porte, como os mamutes, são extintos; os bisões e os alces, também de porte maior, migram com os gelos, para as regiões mais frias do globo terrestre.

Os caçadores-coletores, nessas novas condições, se estabelecem em grupos nucleares, e passam a habitar as orlas florestais e as margens dos lagos, que se formaram; a pesca e a caça se tornam mais acessíveis, e o caçador não se obriga mais às ausências prolongadas do seu grupo. As condições do viver se tornam de maior fartura, e menos desgastantes.

Há uma forte evolução em direção a novos e mais elaborados pensares: acentuam-se as capacidades de observação e reflexão. Surgem as observações cosmológicas e, sobremodo, se estabelece um progressivo uso das observações da natureza circundante; o pensar reflexivo, em que *causa e efeito* passam a ser considerados nas atitudes do viver cotidiano.

Em consequência dessas novas atitudes, as relações homem/natureza deixam de ser de permanente confronto, para ser de complementaridade consentida: a domesticação de algumas espécies animais é experimentada com sucesso; o cultivo de algumas raízes alimentícias é dominado, e passa a ser praticado com sucesso crescente. Enfim, o homem-caçador-coletor, arcaico, se fixa à terra, superando a sua anterior erraticidade. O viver se torna previsível.

Aqui, convém seja reafirmado que, com o Totemismo, surge a primeira manifestação da representação mítica no psiquismo do *H. sapiens*: o mito do "Pai-Fundador", porquanto um mito não seja mais do que uma história de vida, narrada, com os elementos cognitivos das vivências temporais do narrador. Contudo, em uma história como a dos "pais-fundadores", o mito não se limita à narração de uma história; o mito se referirá a uma realidade, a qual o próprio narrador não consegue compreender plenamente. Dessa forma, a narração será traduzida a partir de uma alegoria que, necessariamente, deverá ser assimilável por outras culturas, diversas daquela do narrador. Por isso, o "Pai-Fundador" será aquele "espírito" que dialoga com as forças naturais, em proveito dos seus descendentes, razão pela qual ele deverá ser invocado em cerimônias do seu clã, além de ser representado, imageticamente, pelo seu TOTEM.

O "Pai-Fundador" será o primeiro exemplo de um "ser de pensamento" criado pela capacidade de simbolização do *H. sapiens*, ao dar consistência real a um grupo de qualidades abstratas, quais sejam as "Forças Produtivas".

V-1 – Caracteres do mito

A partir das primeiras manifestações do pensamento abstrato — a mitificação das forças produtivas, naturais, na figura dos "pais-fundadores" —, o mito toma corpo e se robustece. Oferecerá novas representações de mundo, em novas tentativas para a melhor compreensão e domínio das narrativas. Isso se dará, mais eficazmente, após se ter vivenciado e desacreditado o pensamento mágico, que não conseguiu apresentar qualquer versão aceitável, descrevendo o fim do período glacial.

Contudo, o pensamento abstrato sempre se referirá a uma realidade complexa, parecendo muito difícil de ser assimilada pelo grupo social onde aquele pensamento foi gerado. Esse pensar sempre buscará ser a explicação de fatos ancestrais, explicação que é oferecida a uma outra dada sociedade, que procura entender o passado. E, assim sendo, essa explicação estará, também, sujeita às múltiplas interpretações, ao longo dos tempos, o que a torna ainda mais complexa. Ela nos parecerá muito fantasiosa, quanto à sua apreciação pela nossa atualidade.

É esse o caráter daquela narração à qual se convencionou denominar como um MITO.

Acreditamos que, com o TOTEMISMO, o pensamento abstrato faz surgir as primeiras formas míticas de pensar o mundo, bem como as relações entre esse mundo e os demais viventes.

Nessa primeira fase, as mitologias eram embasadas em personagens e fatos reais, observáveis, e com cenários constituídos pela própria natureza presente. Com muita probabilidade, será dessa fase cultural a origem de mitos como o da serpente que desposa a rapariga, constituindo uma família que "descobre o cozimento dos alimentos com o uso do fogo". E, notemos: o fogo era apresentado, no mito, como uma utilidade até então não dominada pelo *H. sapiens*. Mas, nós o sabemos, o fogo já era dominado pelo *Sinanthropus pekinensis*", desde meados do Paleolítico Superior. dessa última constatação, percebemos a enorme força de permanência da oralidade entre as culturas que se intercomunicam!

Entre os mitos da "serpente e da rapariga" e outros, posteriores, como o da "Torre de Babel", o que observamos de mais contundente é a descrição evolutiva de uma natureza que, de agreste e selvagem, passa a ser apresentada com outra ordenação, em que as "forças produtivas", bem como a "divisão dos trabalhos", agiram poderosamente na sua transformação (a presença de uma obra humana, tal como a construção de uma torre, ou de uma barca).

A descrição dos acontecimentos, em todas essas mitologias (o "dilúvio", "Adão e Eva", "Caim e Abel"), indica que a evolução desse período cultural se passou entre os períodos do recuo das geleiras (as grandes inundações do "dilúvio"; a natureza exuberante do "paraíso terrestre") e a construção das primeiras cidades (os zigurates, entre os quais o maior dentre eles, a "Torre de Babel"), ou seja, de dez a doze milênios antes de nossa era.

A "expulsão de Adão e Eva do paraíso" é mito que não traduz mais que a sedentarização do *H. sapiens* e o início do curso da "revolução agrícola". eles também representarão o fim do matriarcado, e a instituição do patriarcado.

É certo que estamos refletindo uma perspectiva evolucionista, tal como a defendida por Leroi-Gouran[65] e outros arqueólogos, que pontuam ser fator acelerador da evolução, desde o aparecimento do *Homo faber* e sua atividade fabril e lítica, a comunicação e a troca de informações, continuadas e competitivas, que se estabelecem entre grupos humanos próximos, mas cessantes nos grupos que, por qualquer razão, se isolam e deixam de competir entre si. Daí a conexão inevitável com a teoria de Karl Marx sobrea ação das "forças produtivas", sempre em evolução nos grupos humanos mantendo estreitas relações de competitividade entre si.

V-1-1 – O "sagrado" e o "profano": novos conceitos

Após se ter estabelecido nos aldeamentos primitivos, e ter resolvido os seus mais prementes problemas de segurança física e da sua alimentação, o *Homo sapiens* passou a inquirir-se sobre as suas relações cosmológicas. Especificamente, preocupou-se com as periodicidades dos ciclos lunares e solares; também, sobre as influências desses fenômenos sobre a sua própria existência. Em breve, ele se aperceberia de que, naquele céu noturno, de estrelas fixas, algumas dentre elas (por exemplo, a estrela "vespertina" e a estrela "matutina", ditas, mais tarde, como as estrelas Vésper e d'Alva) apresentavam uma periodicidade cíclica, tal como as observadas com o sol e a lua.

---

[65] LEROI-GOURHAN, André. *O Gesto e a Palavra*. v. 2. Memória e ritmos. Lisboa: Editora 70, 1965, *passim*.

Havia, porém, uma diferença manifesta entre esses movimentos cíclicos: enquanto os ciclos do sol e os da lua eram ligados a fenômenos palpáveis (os eventos estacionais, ligados à fertilidade dos solos, por exemplo), aqueles outros, relativos às estrelas longínquas, não estavam ligados a nada relacionável no mundo natural que o cercava.

No entanto, o *H. sapiens* o sentia intuitivamente: tudo faz parte de um único sistema, comandando, a partir de vontades não explicitadas, mas que faziam parte desse todo. No entanto, elas eram superiores às suas próprias capacidades em comandá-las. Essas vontades, ainda indecifráveis, seriam as "vontades dos **deuses**". E, sob o império do pensamento abstrato, eles concluem: esses deuses seriam os entes fundadores; desde sempre viventes, nesse seu mundo natural; eles se manifestavam, sempre, no pulsar dessa natureza. Eles eram os criadores de tudo o que existia! E, mais que isso, esses elementos cósmicos — o Sol, a Lua, a própria terra e a abóbada do céu, como um enorme manto em formato de cúpula (que a tudo cobre!) — **são os próprios deuses**!

E — pensaram a seguir os próprios *H. sapiens* — cada um desses deuses é dotado de propriedades próprias; e de personalidades específicas, em tudo idênticas às qualidades dos humanos, que os concebiam!

Mas é importante ressaltar: nesse momento histórico, o *H. sapiens* não pensava o seu mundo como sendo o globo terrestre; a Terra era, apenas, o espaço territorial alcançado pelos seus olhos; o céu era limitado pela abóbada visível, a qual se encontrava com a terra plana, formando uma grande circunferência com o horizonte visual. A humanidade, o globo terrestre e o cosmos eram conceitos por eles ignorados. Por isso, não podiam pensar em termos de cosmogonias, como atualmente o pensamos.

Contudo, esse novo pensar — pensar os deuses ordenando o mundo natural — era o *PENSAMENTO MÍTICO*. Era um pensar que conduzia, imediatamente, à criação de duas categorias de mundos, denominados: **Sagrado** e **Profano**.[66]

O mundo profano era aquele habitado pelos seres humanos — era o mundo natural —, onde todos os fenômenos naturais ocorrem. O mundo sagrado, ao contrário, é um mundo psíquico, gerado na mente dos *H. sapiens*. É, pois, uma categoria estrutural resultante da mutação sofrida pelo cérebro do hominídeo, transformando-o no *H. sapiens*!

---

[66] ELIADE, Mircéa. *O sagrado e o profano*: a essência das religiões. São Paulo: Martins Fontes, 1991, p. 65-263.

Foi, dessa forma, tornado possível surgir o "mundo do imaginário"; é o mundo habitado pelos deuses. É um mundo que tem suas regras e suas leis, muito próprias e específicas. Essas leis e fenômenos serão miraculosos e diversos dos fenômenos naturais; são, também, impossíveis de ocorrerem no mundo natural. É um mundo — o Sagrado — extremamente ordenado e não caótico; um mundo com novas realidades. Mas essas "realidades" ocorrem apenas naquele mundo, habitado pelos deuses; esses deuses comandam o mundo natural; e o comandam a partir do miraculoso; e com tais milagres acessariam os fenômenos naturais do mundo profano.

Isso posto, aproximemos, agora, o pensamento mítico ao pensamento mágico: esse último foi abordado anteriormente, no Título III; então, assináláramos que ambos participavam de um modo abstrato de pensar o que é real. Contudo, o ***pensamento mágico*** personifica sob o conjunto dos seres vivos — visíveis e não visíveis — as forças da natureza; mas estas não agirão de forma miraculosa, como no ***pensamento mítico***; neste, as forças da natureza são identificadas com os próprios deuses criadores.

Há, aqui, uma observação muito importante: o pensamento mágico antecede, necessariamente, o pensamento mítico — durante a fase cultural em que o pensamento mágico surge, os *H. sapiens* eram caçadores-coletores; as sociedades humanas de então eram simples e sem classes; viviam a vida dos "homens das cavernas"; nada criavam, além de uma produção lítica incipiente, e o domínio do fogo. A humanidade de então **NÃO ERA CRIADORA**! Resulta daí que o pensar de então não podia criar seres de pensamento — os deuses — com propriedades de seres criadores. Concluiremos que o pensamento mítico, necessariamente, teria surgido mais tardiamente, quando o *H. sapiens* passara a criar imagens de si próprios, ou seja: quando o *H. sapiens* passara a criar utilidades!

Dessa forma, surgirão os deuses: o deus Sol, a deusa Lua, o deus Vento, o deus Vulcão, o deus das Tempestades, e assim por diante. Compreender-se-á, portanto, porque serão irreconciliáveis os pensares dos xamãs e os dos futuros sacerdotes: enquanto nos primeiros os fenômenos têm uma justificação factual (da natureza), para os sacerdotes, sempre haverá uma "revelação da divindade" para a explicação dos fenômenos naturais. Perceberemos que o pensamento mágico será a "sementeira" a partir da qual — bem mais tarde — surgirá o pensamento científico, o qual se fundará na experimentação articulada dos fenômenos naturais, lastreados nas sequências lógicas de ***causas e efeitos***.

HOMO CREATOR: PENSANDO UM MUNDO EMERGENTE — UMA HISTÓRIA

Mas haverá um questionamento persistente: como surgem os deuses? Eles surgirão como parcelas imagéticas dos conteúdos culturais que formarão as **mentes** dos *H. sapiens*.[67]

Os deuses (quaisquer que eles sejam), que governam este nosso mundo *profano*, habitam o ponto mais alto da abóbada formando o céu. É essa a alegoria inicial, quando se manifestou a criação de uma hierarquia divina, segundo a qual um deus é de alguma forma mais poderoso que os demais, comandando todos os demais. Esse deus receberá o nome de URANO.

Portanto, a concepção religiosa de mundo nasce politeísta e hierarquizada, com uma nítida relação de dominação, mando e obediência. Ela será, também, política, posto surgirem diversas representações imagéticas do mesmo deus, entre os diversos povos.

E como teriam surgido esses novos, revolucionários e tão abstratos conceitos? Na busca de uma possível resposta, relembremos algumas posturas desenvolvidas por Jean Huizinga, e anteriormente apresentadas no Título III:

> A evolução psíquica, levando às alterações de consciência refletida para o da consciência que, subitamente, se abre ao inconsciente coletivo, representa a conquista definitiva e ampla do *Eu*, pelo homem primitivo. Encontramos aí um processo espiritual que se completa, e nele, um mecanismo específico se apresentando: uma ideia em transformação em nível dos estados emotivos e da transferência desta ideia para o plano da consciência refletida. É um processo inconsciente; mas, no psiquismo que se instalava, uma ideia sempre É; e por isso, ela se TORNA. Afora o TORNAR-SE, ocorrendo em nível dos sentimentos, a realização de SER ocorre ao nível do consciente. O espírito lúdico se junta à euforia do deslumbramento; o arrebatamento resultante autoriza a veracidade da IDEIA inicial.[68]

É esse mecanismo psíquico que produz e situa o conceito do SAGRADO, tornando-o presente no inconsciente coletivo de um dado grupo humano, e que, emergindo conscientemente como ideia-força, explicaria o surgimento dos *MITOS URANIANOS DA CRIAÇÃO DO MUNDO PRESENTES*

---

[67] Conceituemos: o cérebro do *H. sapiens* é o órgão que o caracteriza como espécie. Todos os cérebros dessa espécie nascem com idênticas capacidades de processamento cognitivo (salvo ocorrências fisiológicas pontuais, caracterizando "males fisiológicos"). O funcionamento dos milhões de neurônios desse cérebro gerará a "mente" do indivíduo (absolutamente diversa de quaisquer outros). as "mentes" são os conteúdos processados, formando as bases culturais dos povos.

[68] HUIZINGA, Johan. *Homo Ludens*: o jogo como elemento da cultura. 6. ed. São Paulo: Perspectiva, 2010.

NAQUELE MOMENTO. E atentemos para um fato importantíssimo, o qual gerará a permanência universal das formas mítico-religiosas: elas surgem com o plasmar do Ego: o *H. sapiens* conquista definitivamente a sua autonomia intelectual. Ressaltemos que esses mitos são criados em momento cultural ágrafo: eles serão conservados pela oralidade dos povos primevos. E aguardando o momento em que a grafia seria conquistada.

De fato, somente com o advento da escrita, na Grécia Antiga, teremos esses mitos registrados, na *Teogonia*, por Hesíodo. Mais tardiamente, no período pós-exílico (do povo israelita), é que conheceremos no relato de Gênesis[69] o uso desse mito para se referir à figura do rei, como a figura ungida por Yahweh, e conhecedora do bom e do mau, para bem apascentar o seu povo.

V-1-2 – Os deuses uranianos

"Deuses uranianos" é o nome genérico de um conjunto politeísta de deuses derivado de Urano — o Céu, o firmamento. Urano é o deus-macho e chefe de um panteão; ele é o inseminador da deusa Geia (ou Gaia), a Terra-mãe, geradora e fecunda, criadora da vida. Observamos, pois, que eles compõem o grupo fundamental das deidades criadas pelo *H. sapiens*.

Os deuses uranianos — a Terra, o Céu, o Tempo, a Noite — e toda a cosmologia que lhes é associada certamente surgiram com a evolução do pensamento humano, durante aquela fase cultural que, anteriormente, identificamos como a do *"Pensamento Totêmico"*.

É nessa fase que se dará a construção dos primeiros zigutares (o *Homo sapiens* já se tornara, também, um *Homo creator*): todos eles seriam voltados à observação dos céus, e à busca de eventuais contatos com aqueles mesmos deuses.

Nas planícies mesopotâmicas, foi desenvolvida a tecnologia dos tijolos cerâmicos vidrados, os quais suportavam cargas consideravelmente grandes; foi possibilitada a construção de torres sempre mais elevadas.[70] Surge daí uma vasta mitologia, a qual procura explicar, com riqueza de detalhes, os fatos marcantes na existência psíquica do *H. sapiens*, nas suas novas condições de vida (a sociedade de classes, para a qual evoluiu).

---

[69] Ver: BÍBLIA SAGRADA (versão traduzida do hebraico e do grego, pelos monges Beneditinos de Maredsous, Bélgica). São Paulo: Editora "Ave Maria", 1985, Gênesis, 3, vers. 5.

[70] Encontramos, aqui, a origem do mito da "Torre de Babel".

HOMO CREATOR: PENSANDO UM MUNDO EMERGENTE — UMA HISTÓRIA

Essa mitologia será transmitida oralmente pelas sucessivas gerações dos povos, e que nos será transmitida, em documentos escritos, pela civilização grega.[71]

O conceito do *SAGRADO* será reelaborado. E, muito mais tarde, após o 6º século a.C., no pensar religioso do sacerdócio judaísta de Jerusalém, do pós-exílio das classes dirigentes israelitas, em sua evolução para um novo conceito teologal de uma deidade dominante e exclusiva, surgia o *MONOTEÍSMO JAVISTA*.

No momento, não nos ocuparemos dessa evolução. Não obstante, citaremos que esse pensar monoteísta teve sua origem num processo evolutivo iniciado com as construções dos zigurates elevados — postos de observações dos céus profundos — transformados em templos religiosos, sobremodo nas cidades-Estado da Mesopotâmia, quando as classes dirigentes daqueles povos inventam os mitos da "unção divina" dos reis. A partir disso, e dessa forma, controlarão muito facilmente as classes populares, exclusivamente voltadas para o "saber fazer".

Relembremos do mito da *Torre de Babel*: ele estaria ligado àquela transformação. Esse mito teria sido gerado no seio da tribo onde vivia o clã de Taré, pai de Abraão e descendente direto de Noé (provavelmente, a sétima geração), segundo Gênesis, 11:1-32.[72] Entendemos que uma importante tensão social levou à migração do clã de Taré, de que Abraão era o primogênito; e entendemos que a tensão social causadora dessa migração estaria ligada à evolução politeísta, quando um rei local pretendia ser sagrado como deus do panteão local. De algum modo, o clã de Taré se teria oposto a tal projeto, o que determinou a migração do clã para a Terra der Haram. Mais tarde, no pós-exílio das elites sacerdotais judaístas, esse mito será reaproveitado como mito fundacional do monoteísmo javista, compondo o quadro de uma grande migração de Abrão para a terra de Canaã e para o Egito, como veremos no Título VII.

Esse relato mítico (mas base para um futuro sistema religioso), provavelmente, teria surgido de importante cisão tribal, causada pela evolução do pensar religioso de então: a progressiva substituição da religião uraniana primitiva por um novo politeísmo, em que os reis apareceriam como os ungidos dos deuses, reinando discricionariamente em seu nome.

---

[71] FERRY, Luc. *A sabedoria dos mitos gregos*: aprender a viver II. Rio de Janeiro: Objetiva, 2012.

[72] BÍBLIA SAGRADA (versão traduzida do hebraico e do grego, pelos monges Beneditinos de Maredsous, Bélgica). São Paulo: Editora "Ave Maria", 1985. Nos versículos 2 e 3, os redatores de Gênesis identificam a Mesopotâmia como o local da "Torre de Babel". Falam de fabricar em tijolos queimados ao grande fogo, para a construção da torre. Tal redação mostra que esse capítulo do Gênesis foi redigido após o "Exílio do reino israelita do Norte na Babilônia". Inferimos isso do fato de que tal tecnologia tenha se desenvolvido a partir do século 6º a.C., na Babilônia. No versículo 4, o redator indica a razão da construção da cidade e da torre: para que não houvesse a dispersão das gentes.

Mitos cósmicos foram gerados durante os milênios que se seguiram ao fim das glaciações, especialmente após o 17º milênio a.C. Esses mitos se tornaram comuns aos grupos humanos então estabelecidos; e as deidades deles derivadas tomaram os nomes que melhor exprimiam as suas mais importantes propriedades, em cada uma das culturas então elaboradas.

Quando a humanidade atingiu o estágio de desenvolvimento alfabeticamente letrado (caracterizando a sociedade grega antiga), esses mitos planetários se tornaram mais elaborados, demonstrando uma preocupação crítica no aprimoramento do pensar das gentes. Em particular, os personagens descritos nas versões gregas desses mitos, apresentam-se com qualidades que, de certo modo, encarnarão as qualidades éticas e morais perseguidas por aquelas sociedades. Um caso notável dessa mitificação está registrado no mito do nascimento do Cosmos. Para o pensamento que gerou esse mito, o mundo surge de um princípio como uma potencialidade cósmica universa, criativa o CAOS.

Portanto, o pensamento filosófico grego, nascente, descreverá *o CAOS*., como a escuridão eterna, pré-existente. e inamovível.

O Caos e seria um momento em que não existia o Cosmos (como hoje o en**tendem**os) e as coisas mais elementares, nem a vida, mas apenas as energias potenciais em fazê-las surgir em um dado momento.

Figura 5.1 –Reprodução de fotografia tomada pelo telescópio HUBBLE: região de poeiras estelares, em fase de nascimento dos sistemas estelares. Uma imagem do "caos" descrito em Gênesis

HOMO CREATOR: PENSANDO UM MUNDO EMERGENTE — UMA HISTÓRIA

Façamos, aqui, um parêntesis e comentemos a notável intuição do pensamento grego, onde surgiu o mito do Caos. Consideremos a foto 5.1, ao lado. Ela foi obtida por um dos modernos telescópios espaciais, e retrata dada região intergaláctica na qual predominam as poeiras estelares; nelas também se desenvolvem incomensuráveis energias cósmicas: é um "berçário de estrelas"! A criação do mito de Caos não poderia ser mais bem representada que por tal região cósmica!

Não estaríamos viajando no mundo das quimeras se aproximássemos os pensares intuitivos daqueles gregos das ilhas do mar Jônico, das atuais constatações científica da Astrofísica.

Voltando à mitologia grega, o CAOS é, pois, um deus representando a potencialidade da existência, na ausência de qualquer ordenação construtiva. Ele é o construtor da ordem, na desordem! Em dado momento, se passa o início da criação. a ordem começa a se estabelecer e, da desordem incomensurável, surge *GAIA* (a deusa Terra), a *Mãe-Nutriz*, e tudo o que nela existirá.

Junto de Gaia também surge EROS, que é o deus da energia multiplicadora da vida, a energia do prazer (em certo momento, Eros foi identificado como prazer sexual, mas vemos, claramente, que ele não é apenas isso; ele será, inclusive, o impulso original da vida no Cosmos); é essa forma de energia que gerará o ID, das estruturas psíquicas dos animais em geral, mas dos animais superiores em particular.

Finalmente, se condensará outra forma de energia, a qual se localizará nas profundezas do subsolo de Gaia: o deus *TÁRTARO*.[73] O mundo de Tártaro será formado em lugar de trevas, "*de mofos, e de decomposições da matéria*". É o mundo dos mortos, mas um mundo que conterás energias espirituais daqueles que morrem, porque a matéria de que são constituídos se reintegrará a Gaia em seus níveis menos profundos. Será esse o portal que se abre ao mundo dos mortos, com o enterramento dos seus corpos.

Embora se tratando de mitologia primitiva, sem dúvidas, ela não teria sido gerada nos tempos paleolíticos, porque envolve conceitos que, muito provavelmente, não seriam dominados pelos *Homo sapiens* daquele período.

---

[73] Encontramos aqui a origem da crença no "mundo dos mortos", ou "Sheol", dos judaístas pré-exílicos. Eles consideravam o seu cosmos como constituído por três níveis. No nível superior, acima da abóbada celeste, ficava o mundo dos deuses; no nível intermediário, situava-se o mundo natural, dos judaístas e israelitas; no terceiro nível, no subsolo, situava-se o mundo dos mortos, ou "Sheol". Era um mundo pleno de energias, tal como os dois outros. Era desse mundo que as "necromantes" invocavam "o sopro de vida" dos mortos, tal como o fez o rei Saul, ao invocar o profeta Samuel, por meio de uma necromante.

Sua origem provável se situará nos tempos do Neolítico (12.000/3.000 a.C.). Esse é um mito que terá sido elaborado a partir das civilizações que, mais tarde, dariam origem às civilizações aldeãs persas arcaicas, na fase em que apareceram os primeiros zigurates.

Figura 5.2 – Alegoria procurando representar o "Mundo Sagrado". A partir do mundo profano, surge o céu pro-fundo, onde habitam os deuses. Urano (o Céu) é o deus primordial

Esse mito teria sido retomado e finalizado, na forma que o conhecemos hoje (forma essa que estamos comentando), em períodos gregos antigos. Não obstante, reconhecemos nesses mitos elementos muito primitivos, cuja elaboração é atribuível ao período cultural do *Totemismo*. Referimo-nos, aqui, à mutilação de Urano, praticada por seu filho, Cronos, em episódio ao qual retornaremos mais adiante.

Retornando ao mito da criação: no processo de geração dos primeiros deuses, Caos gerou, ainda, a ÉREBO e NYX. Érebo é a escuridão absoluta, tal como a que existia em Tártaro, a escuridão que impede a vida (tal como a escuridão no espaço galáctico, sem estrelas). Nyx, ao contrário, é a noite: é, também, a escuridão, mas não é a escuridão absoluta, porque é sempre seguida pela luz do dia e marcada pela luz das estrelas.

Aqui, nos deparamos com duas novas entidades — o dia e as estrelas — que serão criadas logo em seguida. Tal como de Caos foram gerados Gaia, Eros, Tártaro, Érebo e Nyx, GAIA gerou a **URANO**. Urano é o Céu e as estrelas que envolvem Gaia; é o Céu alto e profundo, lugar onde se encontra a morada, o palácio dos deuses; esse palácio se encontra no lugar mais elevado do Céu, lugar — segundo as lendas de vários povos — que as águas do dilúvio não alcançam (ver figura 5.2, alegoria representando a criação de Urano).

Na sua *Teogonia*, Hesíodo — o primeiro mitólogo grego — registrou o mito uraniano e, por meio dela, ficamos sabendo que Urano era o fecundador por excelência, mas gerava monstros e, por vergonha, ele os escondia, aprisionando-os no *Tártaro* (vale dizer, no ventre de Gaia); com isso, Gaia "sofria e gemia". Parece-nos certo que essa parte do mito de Urano se refira a um tempo em que a natureza ainda não fixara as suas próprias aparências, e tudo podia modificar-se em convulsões sísmicas, tormentosas. Por isso, Gaia "sofria e gemia", expulsando do seu ventre aquelas "monstruosidades", mas transformando-as em utilidades da criação![74]

Cronos, filho e sucessor de Urano, sensibilizado pelo sofrimento de Geia, mutila Urano em sua capacidade geradora, pondo fim à série de geração de entidades monstruosas e inúteis que, envergonhado, Urano tentava esconder nas entranhas de Geia.

É interessante observar que, mais do que o mito do "Pai primevo", criado por Freud com a finalidade de embasar suas teorias psicanalíticas, o mito sobre a vergonha de Urano reafirma as proibições dos incestos, questão de magna importância para o desenvolvimento sadio da humanidade, decorrente daquela prática, nas frátrias (relações sexuais intragâmicas); também reafirma a sua proibição, a partir do castigo que Cronos impõe ao seu pai. Ressaltemos que o mito, continuando a sua narração, conta que Cronos lança os órgãos sexuais de Urano ao mar e, do sangue e do sêmen de Urano, misturados às espumas do mar, nasce a filha primogênita — e última — de Urano: Afrodite, a deusa do Amor, da Beleza e da Sexualidade.

Essa foi uma forma poética e incisiva de reafirmar a qualidade das relações exogâmicas na vida social. Somos levados a crer que essa parte do mito tenha a sua origem contemporânea aos tempos totêmicos, quando era reafirmada a proibição do incesto. Comparadas às gerações monstruosas, intragâmicas, anteriores, a geração de Afrodite ressaltava as virtualidades da concepção exogâmica.

Outras figuras míticas foram geradas por Gaia e Urano, anteriormente, à semelhança dos cíclopes, das ninfas (entidades femininas, criaturas divinas), bem como os deuses e os semideuses. Não os discutiremos aqui,

---

[74] HESÍODO. *Theogonia*: a origem dos deuses. Lisboa: Iluminuras, 1985.

porque tal abordagem fugiria aos nossos objetivos. Contudo, reconheçamos na conceituação de "céu" desse mito (referimo-nos ao conceito original, e não à sua versão grega), talvez, as primeiras manifestações do pensamento transcendente entre os *H. sapiens*.

É inegável estarmos, aqui, diante de um elemento mítico que é contemporâneo das origens do *Pensamento Totêmico*. Contudo, não podemos traçar uma linha temporal definindo o aparecimento das mitologias e as religiões, entre as comunidades *sapiens*.

Em realidade, o fenômeno religioso é por demais complexo, envolvendo uma interessante ambivalência conceitual, a qual se acentua na medida da evolução do pensamento humano; do pensamento mítico ao pensamento religioso, o conceito do **sagrado** e do **profano** se vê rearranjado. Porque — os registros etnográficos nos mostram — um objeto material qualquer (uma pedra, uma árvore ou um animal) para algumas culturas pode adquirir um caráter do sagrado e, depois, deixar de sê-lo, sem qualquer motivação aparente.

No mito de Urano, temos a construção de uma cosmogênese, posto sermos colocados diante de uma visão ingênua, mas complexa e fantástica (para o momento cultural da sua criação) sobre o surgimento do cosmos. De fato, estaremos diante de uma portentosa descrição do nascimento do Cosmos e, numa inevitável associação de ideias, pensamos no Livro do Gênesis, cujas palavras e concepção iniciais parecem ter sido inspiradas tal como no mito. Além disso, não podemos fugir da imagem inicial dessa cosmogênese, ao alinhar as três potencialidades criadoras: Caos, Urano e Geia. Somos imediatamente remetidos ao conceito teológico cristão da *Trindade Divina*. Em tudo, nos parecem muito defensáveis os conceitos sobre um monoteísmo arcaico, defendido pela Escola Etnográfica de Viena, ainda no século 19. Porém, o tema é por demais complexo, e não deve ser abordado neste momento; mas a ele deveremos retornar.

Não obstante, segundo a visão mítica que abordamos, segue-se que os elementos formadores desse Cosmos são as energias naturais; compreendemos ainda mais, que os *H. sapiens* dessa época erigiram em deuses a essas formas energéticas. Essa cosmogonia é, também, uma teogonia: os deuses são as energias que comandam a natureza, e eles nascem e são identificados a partir das suas imagens primordiais. Além disso, entre essas deidades, prevalece a configuração do gênero feminino, bem como a reprodução sexuada, tal como entre as espécies animais observáveis.[75]

---

[75] FERRY, Luc. *A sabedoria dos mitos gregos*: aprender a viver II. Rio de Janeiro: Objetiva, 2012, p. 59-64.

TÍTULO VI

O PENSAMENTO RELIGIOSO: O POLITEÍSMO

A vida sedentária, em aldeamentos, traz profundas modificações ao viver dos *H. sapiens*; algumas práticas de acumulação de excedentes da agricultura também se iniciam. A cerâmica se desenvolve, inclusive a cerâmica decorada, com pinturas fixadas ao fogo, decoradas em motivos geométricos. Notemos que tão importante quanto o progresso artístico, nesse tipo de cerâmica, foi o progresso tecnológico da vitrificação, o qual permitiu garantir a preservação dos azeites e dos vinhos, quando armazenados nos recipientes fabricados com aquelas cerâmicas.

Seguiu-se o período *Calcolítico* (Idade do Cobre), marcando o início das cidades antigas (o Calcolítico, durando até 3.000 a.C.). a partir daí, tem início a "Idade do Bronze", e também se inicia a História Antiga, com registros escritos em placas de argila, e em monumentos construídos com fins específicos e bem sabidos, caracterizando dada dominação social.

VI-1 – O pensamento religioso e as religiões

Com as novas condições de vida — com maior segurança física e alimentar — que os *H. sapiens* passam a ter com a sua organização social e as cidades, suas reflexões se tornam mais perquiritivas. Agora, passam a observar os céus no sentido de obter uma resposta plausível para a "velha" pergunta:

> *"Se eu Sou, e sou diferente de tudo o que me cerca, em particular das forças naturais que se manifestam neste mundo, e contra as quais eu nada posso, como poderei me relacionar com elas?"*

É o momento em que são construídos os primeiros "zigurates" — espécies de torres, bastante altas, nas planícies circundantes — de onde melhor se podia observar os céus: Gaia e Urano são os deuses fundamentalmente criados pelo *Homo sapiens* contemplativo. Gaia é a deidade feminina, a deusa telúrica, a mãe-geradora e mãe-nutriz, por excelência (ver Título V)[76]. Urano

---

[76] Ver, também, o nosso trabalho apresentado à Academia de Letras de Vassouras, em abril/maio de 2017, sob o título: "As esculturas e as policromias do Paleolítico: uma semiótica primitiva?".

é o deus masculino, fecundador de Gaia (a exemplo das chuvas fecundantes, que caem do céu sobre a terra) e pai de todas as demais deidades: ninfas, semideuses e outras entidades mitológicas.

Mas, como ideia central, Urano é também a abóbada celeste, em toda a sua inteireza, e ainda incompreensível à mente do *H. sapiens* primitivo. Para ele, o céu é alto e profundo, inalcançável; é a morada dos deuses!

Por isso, não seria surpreendente que a prece mais universal e antiga, presente em todas as culturas e liturgias conhecidas, tenha este início: *"Pai nosso, que estais no Céu...".*[77]

O *pensamento religioso*, ao imaginar o sentido da *TRANSCENDÊNCIA*, torna em bivalente a existência dos seres humanos. Ele os faz transitar entre dois mundos: o seu mundo natural — que passa a ser denominado por "PROFANO", e um novo mundo, no qual residem todas as potencialidades criadoras do Cosmos. Dotado de qualidades específicas, inexplicáveis pela razão, esse mundo passa a ser denominado por "SAGRADO".

De fato, essa ambivalência do mundo é uma nova resposta que o pensamento humano dá àquela questão, sempre recorrente:

> *"Como eu poderei me relacionar com as forças que comandam a natureza?"*

Tal como anteriormente, a resposta viria sob a forma de uma novà e complexa forma de imaginar o mundo: a RELIGIÃO.

Uma RELIGIÃO — para o *H. sapiens* pós-Neolítico — poderia ser entendida como uma via de acesso daqueles que vivem no mundo PRO-FANO (mundo natural) para o mundo SAGRADO (mundo transcendente, onde vivem as potências criadoras do mundo profano). Assim, também entenderemos que:

> *RELIGIÃO seria o conjunto de procedimentos que nos permitem articular a vida no mundo natural, à proteção do que é sagrado e, em particular, nos beneficiando das potencialidades que o sagrado possa colocar à nossa disposição.*

O conjunto de procedimentos visando à articulação entre os mundos do sagrado e do profano constitui aquilo que denominamos por RITUAIS. Esses rituais são criados e conduzidos por um grupo de pessoas especiali-zadas — os SACERDOTES. Estes, tal como os XAMÃS o foram, serão os agentes da intermediação entre as esferas do mundo natural e do mundo

---

[77] ELIADE, Mircéa. *O sagrado e o profano*: a essência das religiões. São Paulo: Martins Fontes, 1991, p. 65-68.

das potestades. Há, contudo, uma diferença conceitual entre os **xamãs** e os **sacerdotes**, diferença que os tornam "inimigos irreconciliáveis": o xamã crê possuir a capacidade de agir, modificando o curso natural das coisas, enquanto o *sacerdote* se coloca como um "suplicante" diante das deidades, na expectativa de ser "merecedor" das atenções daquelas deidades, para os mesmos resultados pretendidos pelos xamãs. Notemos que a divergência fundamental entre o "xamã" e o "sacerdote" é que, para o primeiro, o mundo é um só, e nele estão contidas as forças naturais; por outro lado, os "sacerdotes" creem que, ao lado do mundo natural, há um mundo "sagrado", onde habitam os deuses que comandam as forças naturais.

Figura 6.1 – Um monarca homenageando o "deus do vento". Relevo da Mesopotâmia

Pouco, ou quase nada, conhecemos sobre as ritualísticas das religiões antes da criação das cidades-Estado da antiguidade. Os relatos bíblicos nos sugerem que os deuses "pagãos" eram honrados pelo chefe dos clãs, os quais faziam erigir um altar sacrificial em local de altitude considerável (no topo de uma elevação, de um monte proeminente), onde sacrificavam um animal, ou uma vida humana.[78]

---

[78] BÍBLIA SAGRADA (versão traduzida do hebraico e do grego, pelos monges Beneditinos de Maredsous, Bélgica). São Paulo: Editora "Ave Maria", 1959, Gênesis, 22:1-19.

Figura 6.2 – Relevo na Mesopotâmia. O "deus do vento" representado com a face de um monarca

Quando as cidades-Estado foram constituídas, seus monarcas se apercebem do grande poder coator que o respeito aos deuses exerce sobre os seus povos; passaram a instituir os cultos, a construir os templos, e a organizar os seus cleros. Posteriormente, e em inúmeros casos, esses monarcas — eles mesmos — se fazem introduzir no panteão das suas deidades, como um novo e poderoso deus. O clero se torna, interessadamente, em braço forte do poder político do rei, ao mesmo tempo em que desfrutava e exercia, indiretamente, parte desse poder. Um exemplo claro dessa "deificação" de um monarca é encontrado na Mesopotâmia, e reproduzido nas figuras 6.1 e 6.2.

Na primeira figura, vemos um monarca homenageando o "deus do vento". Este é representado por uma figura alegórica, com a cabeça de águia. Na figura seguinte, vemos a mesma deidade, representada novamente, mas agora com um rosto humano, que, provavelmente, seria a face de um monarca que se fizera deificar.

Figura 6.3 – Mosaico na Igreja de Santa Sofia, em Istambul, Turquia

Esse foi um procedimento que se tornou recorrente entre as realezas sequiosas de poder. Encontramos exemplos dessa estratégia até no cristianismo nascente, em Bizâncio de Justiniano e Teodora: em mosaico da Igreja de Santa Sofia, representando o Imperador e sua Imperatriz, ambos, ladeando o próprio Cristo!

Retornando ao período das cidades-Estado da Mesopotâmia, quando teriam sido construídos os primeiros zigurates: eles logo perdem a sua função inicial — observatórios dos céus —, para se tornarem em templos votivos. Lemos em Heródoto — historiador e geógrafo na antiguidade grega — que nos relata ter estado na cidade-Estado da Babilônia, onde visitou a "Torre de Babel"[79]. Descreveu-a como uma maciça construção em tijolos vidrados, assentados com betume: tratava-se deum elevado zigurate, no topo do qual havia um santuário, servido por inúmeros sacerdotes; no seu mobiliário, peças de fino lavor, em ouro. Diziam os sacerdotes que, no dia de Ano-Novo de cada ano, o deus **Marduk** descia dos céus e passava a noite em festa bacante, com jovens donzelas para isso escolhidas entre a população (ver figura 6.4).

---

[79] Geógrafo e historiador grego, no século 5º a.C. Ele informa ter visitado a Babilônia; descrevendo o zigurate onde era venerado o deus Marduk, dizendo ser este a "TORRE DE BABEL". Contudo, não há outras evidências históricas confirmando, ou informando, tal informação.

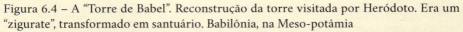

Figura 6.4 – A "Torre de Babel". Reconstrução da torre visitada por Heródoto. Era um "zigurate", transformado em santuário. Babilônia, na Meso-potâmia

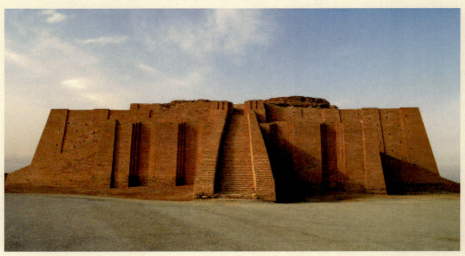

É interessante observar que as religiões *indo-mediterrâneas* transformaram a presença de Urano — o deus primevo, intuído nas primeiras representações de mundo do *H. sapiens* — em outros deuses, com outras denominações, mas de idênticas propriedades, a saber: deuses majestáticos, guerreiros ("senhores dos exércitos"), fecundadores, e que se fazem apresentar por meio dos raios, trovões e tempestades tormentosas (segundo as tradições judaicas, tal como Yahweh se apresentou a Moisés, no Monte Sinai).

Convém seja observado que, na religiosidade das populações mais arcaicas, os deuses sempre se apresentavam como deidades uranianas. Aquelas deidades secundárias eram derivadas das uranianas, e se apresentavam com dinâmicas peculiares; ademais, eram de simples entendimento, além de portadoras de propriedades mais objetivas. Sobremodo, essas deidades eram portadoras de alguma materialidade, invocadas a partir de ritos e cerimônias mais simples e inteligíveis.

Por isso mesmo, esse conjunto de crenças uranianas, mantendo-se quase inacessíveis ao entendimento de todos, perdeu progressivamente os seus valores culturais. Serão substituídas por outros seres celestes, mais assimiláveis e inteligíveis pelos comuns dos *sapiens*. Dessa forma, encontramos essas novas deidades entre os povos arcaicos, do Ártico à Ásia Central;

da Austrália até a África.[80] Interessante será observar que um tal fenômeno ocorreria com a implantação do monoteísmo, entre os abraãmitas de Judá, durante o 5º século a.C.

VI-2 – O pensamento religioso no Egito

Como civilização extremamente antiga, o Egito surpreende pelos elevados voos espirituais que desenvolveu. Essa espiritualidade está simbolicamente expressa pelas arrojadas e monumentais estruturas líticas, caracterizado uma capacidade criativa incomum entre os povos tão arcaicos: estatuária de faraós, esfinge e pirâmides, como ilustra a figura 6.5.

Figura 6.5 – Estruturas monumentais no Egito

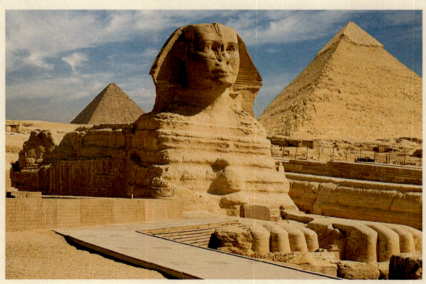

Nessa figura vemos as pirâmides e a esfinge. São, ambos, monumentos tumulares que indicam evidente manifestação da crença na imortalidade da alma. Mais ainda, o conteúdo material das pirâmides também mostrava que se acreditava ser a morte física uma breve interrupção da vida: esta voltaria com a ressureição do corpo. Por isso, a mumificação dos corpos e, junto a ele, a preservação dos objetos e vistas de locais que eram do particular agrado do finado.

---

[80] ELIADE, Mircéa. *O sagrado e o profano*: a essência das religiões. São Paulo: Martins Fontes, 1991, p. 83-159.

A figura 6.6 reproduz pintura no interior de uma pirâmide: representação bucólica de um lago, repleto de peixes, em meio a uma vegetação luxuriante. A imagem nos remete a outras reflexões: havia pessoas que se destacavam pelo gosto refinado de viver, como sugerido. A ilustração também mostra um detalhe: chama atenção a água transparente do pequeno lago; as águas naturais, do rio Nilo, eram carregadas de sedimentos e, portanto, turvas; assim, esse lago sugere a existência, em disponibilidade àquela época, de tecnologias para a clarificação das águas.

Figura 6.6 – Detalhe de um recanto aprazível. Pintura em túmulo de alto dignitário do Egito

Portanto, a foto sugere que, tal como o domínio de outras tecnologias e artes construtivas, os egípcios dominavam o pensamento abstrato, em grau elevado. Daí, a complexidade do pensar religioso no Egito antigo, cujo exemplo marcante se encontra na própria função da esfinge. Esta, representando o próprio faraó (daí a face de Quéfren). ele, nas asas do deus do vento, conduzirá as almas dos mortos para as "regiões onde o deus sol" passa a noite.

Esse monumento, implantado a Oeste do leito do rio Nilo, alinhado à pirâmide de Quéfren e no curso do sol poente, tem elevado simbolismo religioso, além de evidenciar o caráter antropomórfico das crenças da elite egípcia, durante o reinado do faraó Quéfren. O conjunto assim disposto significava que esse faraó (representado pela própria esfinge, posto que a cabeça desta retratava o próprio Quéfren) conduziria as almas dos mortos, nas asas do deus do vento (ver figura 6.5), à "mansão dos mortos"; rezava a tradição religiosa que o deus supremo, Osíris (o próprio sol), em seu ocaso diário, receberia as almas nas "regiões sombrias", onde passa a noite, até reaparecer, radioso, no Leste.

Dessa forma, a esfinge, situada a Oeste do rio Nilo e no caminho do poente, e representando o próprio faraó, indicava ser ele o próprio Osíris, o "deus dos deuses". Por isso, em sua tumba, os "deuses menores", Amon, Rá e outros, comparecem para homenageá-lo (ver figura 6.8).

Figura 6.7 – Representação do "deus do vento", que conduz os mortos ao seu destino. Pintura mural em uma tumba de faraó egípcio

Figura 6.8 – Representação dos deuses secundários, em tumba de um faraó egípcio

Pelo exposto, vemos que a religião do povo egípcio era uma religião de origem celeste, de gênero urânico, mas alterada por efeito de "solarização", tornando-se em cultos mais acessíveis ao entendimento popular, porque apresentando simbologias mais concretas.

VI-3 – As divindades indo-arianas

Figura 6.9 – Frisa de um templo de Uruk, dedicado ao deus Anu. A origem uraniana é evidente, assim como a preocupação pela justiça e outros deveres reais

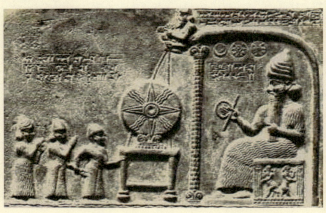

Agora, nos fixaremos nas substituições das deidades no panteão das divindades indo-arianas:

a. entre os povos indo-arianos, cujas histórias vão além das simples heranças de propriedades meteóricas do uranismo, *Diaus* (deidade de origem uraniana) é substituído por *Varuna* (séc. XIV a.C.), deus e soberano, o "de mil olhos", que tudo vê e de tudo sabe, é também o guardião da lei e dos costumes;

b. na Suméria, *Anu* é o deus, ainda de memória uraniana; seu palácio, onde impera em toda a sua majestade, se encontra no ponto "mais alto da abóbada celeste". Há uma efígie desse deus, nas ruínas da cidade de Uruk, onde ele aparece, em todas as insígnias da realeza: cetro, diadema, selo e bastão (figura 6.1). No idioma acadiano (da cidade-Estado de Acad); esse deus era referido como *Ellu* (notar que, no idioma aramaico, o deus de Moisés era denominado *Eli*: (*"Eli, Eli! Llama sabactani?"* — exclamou o Cristo, ao expirar na cruz"). Esse detalhe linguístico é tanto mais importante, quando cogitamos sobre a origem da denominação JAVÉ (ou Yahweh), do Deus de Moisés; sobremodo surpreendente, quando as atuais pesquisas arqueológicas indicam que Yahweh era um deus cultuado entre as tribos pré-árabes, ao Sul da Terra de Canaã.

Voltando à Suméria, *Anu* era um deus cultuado pelos soberanos dos povos sumérios, mas não pelo próprio povo: rendiam-se-lhe cultos palacianos. Finalmente, lembremos que vários autores estabelecem pontos de contato inequívocos, entre as deidades sumerianas e aquelas originadas, ainda nos tempos pré-históricos, com as culturas uralo-altaicas[81] (Notas 1-3).

Os mitos uranianos são permeados pelo conceito de transcendência. Esse pensar, estendendo o campo ao pensamento abstrato, se manifestou nas questões de definição das propriedades do próprio Céu ("alto" e "profundo") como sendo o lugar da "morada dos deuses". Essa conceituação, provavelmente surgida durante o fim do período cultural Neolítico, identifica o *pensamento religioso* em surgência, quando o *pensar mítico* se tornava abstrato em suas representações imagéticas. Não obstante, não podemos julgar que tais pensamentos se constituíssem em uma Metafísica — incipiente que fosse —, porque a mitologia jamais teve por objeto construir

---

[81] ELIADE, Mircéa. *O sagrado e o profano*: a essência das religiões. São Paulo: Martins Fontes, 1991, p. 94.

qualquer pensamento filosófico, sobremodo quanto às questões relativas à natureza humana. Seu objeto foi o do simples entendimento dialógico do mundo cósmico envolvente.

Quando o *pensamento religioso* se corporificava, erigiram-se em deuses a alguns perfis humanos singulares (reis de algumas cidades-Estado), e a eles foram atribuídos poderes sobrenaturais, entre os quais, como reis que eram, os próprios ungidos dos deuses, com sua realeza, seu séquito e seus rituais (por exemplo, o mito de GILGAMESH, na Suméria, durante a Idade do Bronze Antiga).

Esse conjunto de representações sociais sobre a governança efetiva (o poder do rei), acoplado ao crido poder sobrenatural (senhor dos raios e das tempestades), passa a prevalecer, em lugar de um só deus, absolutamente abstrato, corporificando todas as forças da natureza cósmica (Urano, a própria). Desse modo, amonolatria uraniana deságua em um politeísmo abrangente, cujo limite será dado pela imaginação criativa dos povos.

Acreditamos que Abraão, um *"sapiens"* dotado de inteligência superior ao comum da sua época, teria se revoltado contra uma semelhante deificação, ocorrida na sua cidade natal, Urfa (e não a "Ur dos Caldeus", que é uma cidade pós-exílica). O rei, e o poder sacerdotal, o perseguem, fazendo com que o clã do seu pai, Taré, abandone a sua cidade, indo estabelecer-se em Haram, região próxima de Urfa. Falaremos sobre esse tema mais detalhadamente no título dedicado ao MONOTEÍSMO. No momento, cabe lembrar que, atualmente, os estudiosos das "ciências das religiões" têm considerado Abraão como figura mítica do "Reino do Norte", enquanto Jacó seria também uma figura mítica, porém do reino de Judá, ao Sul da Canaã.

TÍTULO VII

O PENSAMENTO RELIGIOSO: O MONOTEÍSMO

Em dado momento do passado distante, ao compreender, ao sentir e ao agir no território em que vivia, o psiquismo nascente do *H. sapiens* o levaria a perceber a sua existência sob duas formas imagéticas. A primeira dessas formas configurava o seu mundo natural, onde ele habitava: era um viver hostil, que o aterrorizava. Num segundo imaginário, se opondo francamente ao primeiro, surgia, magicamente, um outro mundo. Nesse último, estavam todas as potencialidades criadoras da sua existência: eram os deuses, que se apresentavam como **criaturas incriadas**, mas sendo os criadores de tudo o que existia!

A esse mundo do seu imaginário, o *H. sapiens* o denominou como SAGRADO. Fazia-o em contraposição àquele outro, o mundo do seu viver e transitar cotidianamente. A este, ele o denominou como PROFANO.

Definidos esses dois mundos, nós, em nossa atualidade, compreenderemos que, para o *H. sapiens* daquele passado, o efeito de tornar SAGRADO um objeto, pessoa ou coisa não seria mais que os revestir com um elemento conceitual, específico, da estrutura psíquica do seu cérebro, **a sagração**. Resultava criado um mundo que será intensamente heterogêneo ordenado, ao contrário do mundo profano, intensamente desordenado em suas homogeneidades fáticas.

Posteriormente, haveria que se definir uma possível via para o acesso ao mundo das sagrações, posto estarem esses dois mundos, desde a sua origem, nítida e definitivamente distanciados. Portal razão, bem mais tarde, o pensar filosófico do século 18 (da nossa era) denominaria o mundo natural como IMANENTE, em contraposição ao mundo imaginário, ou sagrado, denominado TRANSCENDENTE, porque estaria além da experiência existencial de qualquer ser natural.

Face a essa argumentação, perguntaríamos: afinal, como o "sapiens" dos tempos primevos sentiria esse mundo, que agora estamos denominando como **sagrado**? Certamente, ele o cria — e o sentia — um mundo distante, habitado pelos deuses e pelas demais potencialidades criadoras desse outro mundo, onde ele transitava: o mundo natural.

Mas o mundo sagrado tinha — para ele, o "sapiens" primevo — uma existência tão concreta como no seu mundo natural! Relembremo-nos: Lucien Lévy-Bruhl já havia constatado essa dualidade existencial.[82]

Por tudo isso, a RELIGIÃO foi a via de acesso intuída para aquela aproximação, indispensável, entre esses dois mundos. As potencialidades de proteções que os deuses podiam oferecer ao "sapiens" tranquilizavam-no quanto às "incertezas" do seu viver cotidiano, as quais tanto o atemorizavam.

Porém, essa via seria longa e paulatinamente construída, especialmente porque — logo foi percebido —, pela natureza mesma do psiquismo humano, o caráter de dominação abrangente, sempre apresentado pelo mito religioso, guardaria as mesmas condições de dominação política, no mundo imanente.

Desse modo, o exercício do pensamento religioso forjaria uma dominação semelhante, mas consentida, por quem manejasse o mito. Essa dominação seria muito eficaz, agindo sobre os demais crentes daquele mito, sobremodo pelos sentimentos de paciência e conformação, infundidos.

Construiu-se o entendimento (tristemente lamentável!) de que as religiões poderiam ser usadas como sistemas consentidos de subserviência política!

Mas, afora essas práticas malsãs, como pensaríamos o que seja uma religião? Entre outras, seria uma explicação semântica do mundo sagrado, que, pelo seu caráter de tradição cultural, apresentaremos.

Ademais, uma dessas tradições passou a considerar que, no vocábulo RELIGIÃO (do latim: RELIGIO), o prefixo RE indica repetição, e o verbo LIGARE significa unir, ligar, articular, vincular; definiu-se, pois, aquele vocábulo, reafirmando que as religiões têm por objeto vincular a transcendência à imanência.

Contudo, fenômeno cultural que é, uma religião pode ser entendida como sendo: "[...] a via de acesso ao mundo do sagrado (mundo transcendente), por aqueles seres inteligentes que vivem no mundo natural (dito mundo imanente), buscando usufruir das potencialidades criadas a partir do sagrado". É, pois, um entendimento restritivo: será aplicável, somente, àqueles seres dotados de inteligência reflexiva. Segue-se que uma religião (como criação humana que é) seria:

---

[82] Ver: LÉVY-BRUHL, Lucien. *Le surnaturel et la nature dans la mentalité primitive*. Paris: PUF, 1963.

> [...] o conjunto de procedimentos permitindo articular a vida no mundo natural, à proteção do mundo sagrado; e, mais genericamente, beneficiar os seres profanos com as potencialidades de que o sagrado possa colocar à disposição, para um viver correto.

Poderemos construir dois caminhos, divergentes ambos, e interpretando diferentemente o conceito: "um viver correto".

No caminho assumido pelo pensamento materialista — o qual se definirá pela exclusiva experiência na vida imanente —, o "viver correto" é proporcionado a partir da experiência do viver no mundo socialmente organizado, experiência que consagra o pragmatismo como o seu condutor.

O segundo caminho é o seguido pelo pensamento religioso: haveria deuses (ou um deus, no caso do pensamento monoteísta), criadores dos seres e das coisas, os quais se manifestam por meio de *H. sapiens* especialmente dotados (os profetas, ou ungidos; os magos, ou xamãs). A partir destes, as deidades apresentamos seus mandamentos para o "viver correto".

Mas qual será o entendimento do que seja um "viver correto"? Serão os preceitos do respeito à divindade e o conjunto de regras e procedimentos sociais do *H. sapiens* para com os demais membros da sociedade organizada. Assim sendo, torna-se indispensável a introdução dos procedimentos cerimoniais e ritualísticos, para o trato com a deidade, bem como das regras qualitativas dos relacionamentos imanentes, os quais gerarão os preceitos da MORAL e da ÉTICA dos procedimentos, como condição *sine qua non* para a fruição daqueles benefícios dados pela transcendência.

Dessa forma, poderemos ensaiar uma definição ainda mais completa para o que seja uma RELIGIÃO:

> É o conjunto de procedimentos que nos permitem articular a vida no mundo natural, à proteção do que é Sagrado e, em particular, nos beneficiando, moral e eticamente, das potencialidades do que o Sagrado possa colocar à nossa disposição.

Compreender-se-á, portanto, que em todas as religiões prevalecerá um conteúdo moral e ético, pragmático, dominando a sua pregação das crenças transcendentais, estas objeto exclusivo da Teologia.

Segundo Kant, o pensamento sobre as questões últimas, consideradas na Metafísica, só pode ser expresso por meio de analogias. Não é possível se estabelecer juízos sintéticos *a priori*, na Metafísica. Daí que, para ele, a Metafísica não pareceria ser uma "ciência teórica", mas deveria ser tratada como REALIDADE MORAL (Ver: *Crítica da Razão Prática*, citado por MORA, Jodir Ferrater, *Dicionário de Filosofia*, São Paulo, Martins Fontes, 1996, p. 466, verbete: METAFÍSICA).

De fato, as dificuldades para tratar a Metafísica como ciência teórica têm sido recorrentes, desde a época dos "Escolásticos", passando pela Filosofia Moderna e chegando à Contemporânea, sem qualquer acordo entre os seus pensadores. Decorre daí que tanto a Ontologia (ao tratar do "Ser Supremo") como a Teologia (ao tratar o "Ser Supremo", como Deus) padecerão dessa mesma dificuldade, porque derivadas, e partes que são, da Metafísica.

Com essa forma, encontramos as religiões, desde o Hinduísmo védico — a mais antiga das religiões orientais conhecidas, surgida durante o século 6 a.C. —, que traça preceitos éticos sobre toda a vida social do indivíduo, inclusive na literatura e nas artes plásticas.

Com maior força de exemplificação, podemos situar o BUDISMO, que, derivado do Hinduísmo bramânico — também por volta do século 6 a.C. — se constituiu em sistema filosófico e moral. O sistema visa ensinar como superar o sofrimento e atingir o NIRVANA (estado de plenitude na paz e na compreensão do mundo). Tal superação é obtida a partir de uma forma correta de viver, além de uma severa disciplina no pensar. Tudo isto será importante para a compreensão das origens das religiões hinduístas (ditas, também, "religiões sapienciais"), que se estabeleciam sobre a "Lei do Karma", pela qual a vida humana é função das vidas anteriores que tivemos (como seres humanos, animais ou vegetais).

Nessas religiões, era crido que tudo o que se pratica em uma vida — de bem ou de mal — de certa forma se refletirá nas vidas futuras, e que isso pode ser a origem do sofrimento ou da felicidade. Em consequência, uma vida sã, moral e eticamente vivida, contribuirá para a construção de uma vida feliz.

Na religiosidade do Hinduísmo, destaca-se a questão da "eternidade", cujo entendimento era impossível para o homem primitivo, anterior ao período cultural do Protoneolítico. de fato, o aparecimento desse conceito, a eternidade, marca o momento de um salto evolutivo no pensamento humano: o aparecimento do conceito de transcendência, como vimos no Título V.

VII-1 –A evolução para o monoteísmo

O fenômeno religioso é uma das mais antigas manifestações do comportamento social nos grupos humanos. Ele terá surgido, como fenômeno social, após completada a mutação genética fazendo evoluir o cérebro dos hominídeos, em direção ao *H. sapiens* moderno. Mais especificamente, podemos afirmar: com a evolução do seu neocórtex, traduzido pelo sucessivo aumento do seu volume cerebral (dos 650 cm^3 iniciais até os 1.500 cm^3 atuais).

Contudo, a presença de um neocórtex plenamente desenvolvido somente poderia ser constatada a partir do encontro de realizações materiais dessa espécie em evolução: o achado arqueológico de qualquer realização material denunciaria a evolução da cultura dessa nova espécie.

O sepultamento de corpos humanos, cuidadosamente adornados e dispostos em túmulos, seria um dos elementos incontestes dessa denunciação. A prática de tais hábitos culturais é registrada desde o alvorecer do período cultural do Neolítico. Essa teria sido uma das primeiras manifestações do pensamento simbólico da espécie; talvez, antecedendo até a dominação das técnicas da estatuária, antiga de mais de 40.00 anos antes da era dita comum.

Não obstante, há que convir que, se já era despertada a capacidade imagética na espécie, por outro lado, ainda não havia, armazenados na memória dos *Homo sapiens*, os conteúdos psíquicos indutores da geração das novas imagens enriquecendo o seu viver futuro.

Mas as forças naturais agiam sobre o *H. sapiens*: ele passou a sonhar... Sonhava com amigos afeiçoados que haviam morrido acidentalmente em suas caçadas... Mas sonhava, também, com figuras desconhecidas dele — algumas até com formas bizarras, pessoas com cabeças de animais —, mas que agiam, como se presentes fossem, acalmando os seus temores — por exemplo, durante as erupções sísmicas, ou nas tempestades furiosas. Eram como se fossem reais tais sonhos... Mas — o sonhador constatava — essas personagens viviam em um mundo especial: era o Sagrado, o indefinível, o que se lhes apresentava!

Por oportuno, ressaltemos: durante o período cultural que estamos revivendo, o estado de agregação social prevalecendo não seria mais o das HORDAS errantes. Muito provavelmente, viviam em aldeamentos grupais. vale dizer: os processos de sedentarização já se haviam instalado. E, membros das aldeias também sonhavam...Mas sonhavam com motivos os mais diversos. Eles também se comunicavam, entre si, construindo uma linguagem simbólica.[83]

Os pavores pânicos com os quais o seu mundo natural, tão hostil, o agredia confirmavam-lhe a esperança da proteção daquele mundo antevisto nos sonhos! Aquelas figuras tão bizarras — mas protetoras — eram os deuses!

---

[83] Ver figura 3.6 - Ver Título III e item III.1.

Hoje sabemos, a partir das evidências arqueológicas, que a cultura religiosa da pré-história até a antiguidade mais próxima se manifestava por meio do politeísmo, de cunho idolátrico, cujos ídolos mais antigos datam de cerca de 40.000 anos antes da nossa era atual. Compreendemos que, com tal origem, os deuses, cultuados pelas famílias ou pelos clãs, não poderiam senão participar de panteões politeístas. O monoteísmo, em consequência, se constituiu em uma exceção esdrúxula, nas representações religiosas.

De fato, o monoteísmo surgirá em cultura pouco expressiva, populacionalmente: surgiu entre os judaístas, após o retorno da sua elite dirigente, do seu exílio na Babilônia, em 520 a.C.

De fato, os acontecimentos estão ligados à emergência do Império Persa, e à revolução cultural imposta por Ciro, o Grande. Ciro estabelecera uma nova forma de vassalagem ao seu império: nessa vassalagem, os povos dominados teriam certas liberdades administrativas, e total liberdade religiosa, com a condição de pagarem os tributos impostos, além de se alinharem militarmente ao Império Persa.

Será sob tais condições que, no reino de Judá (na Terra de Canaã), Zorobabel reconstruirá o Templo de Jerusalém e dará início à restauração da monarquia judaísta. não ficou claro, na história de Israel e Judá, porque ocorreu o súbito desaparecimento de Zorobabel, de sua corte, bem como dos seus herdeiros. O que se registra é que, subitamente, encontramos o reino de Judá administrado por uma teocracia sediada no Templo de Jerusalém.[84] E, por enorme coincidência, excitando as reflexões dos crentes do judaísmo, o nome do sumo-sacerdote naquele momento era Josué: tal como o general dos tempos da conquista de Jericó.

Por outro lado, tornou-se bastante nítido o empoderamento político dos sacerdotes do Templo de Jerusalém; a transformação teológica introduzida no Templo conduziu a novas práticas religiosas bastante diversas da religião praticada anteriormente. O Pentateuco é reapresentado sob novas orientações, impostas a partir das novas redações sacerdotais do Livro do Gênesis. Todo o povo deverá, pelo menos uma vez por ano, ir ao Templo de Jerusalém para realizar os sacrifícios animais substitutivos, imposto por Yahweh. O Templo passa a exercer controle social efetivo sobre toda a população de Judá.

---

[84] A história do reino de Judá, nesse período é muito controversa: há estudos atuais, muito esclarecedores, sobre os reinados de Davi e Salomão. Contudo, o desaparecimento de Zorobabel e a tomada do poder pelos sacerdotes do Templo continuam envoltos em incertezas. A discussão desse capítulo da história de Israel fugiria dos nossos objetivos. Recomendamos, aos interessados, as obras indicadas na nota de rodapé n. 85, a seguir.

Vivia-se, então, o século 6a.C. novas formas de pensar agitavam os povos: Confúcio, na China; Buda, na Índia; Zoroastro, na Pérsia. era a fase que os historiadores da Antiguidade denominam como do "Período Axial", fase da qual resultou a formação do Império Persa, e o desenvolvimento pós-exílico da história de Israel e de Judá.[85]

A expansão do império de Ciro enseja o que qualificamos como a "revolução sacerdotal", em Judá; mas essa revolução teria sido precedida pela adoção de cultos monolátricos, em que um dos deuses de um dado panteão passa a ser cultuado como deidade principal, naquele panteão.

Esse fenômeno teria ocorrido no Templo de Jerusalém, após o ano de 537 a.C.: entre os deuses então cultuados, havia El-Shadai (o principal deus), Baal, Asherá (deusa, esposa de El-Shadai, e depois de Yahweh; mãe de Baal), Astarte e o próprio Yahweh, que fora assimilado a El-Shadai. Notemos: Yahweh era um deus pré-árabe, do reino de Edom, enquanto El-Shadai era um deus de origem canaanita; a denominação "El-Shadai" seria a denominação de uma devoção particular de El, mas cultuado nas regiões montanhosas de Canaã.

No Templo de Jerusalém, ainda era cultuada uma deidade, animal, *Nohestan* (ou *Nehustan*), deusa que curava males físicos. Sobre duas dessas deidades — Yahweh e Nohestan —, há um grande interesse em os destacarmos, porque muito presentes e citados nos livros do Êxodo e dos Números, da Bíblia Hebraica.

Os nômades do Norte da Arábia (desde a antiguidade totêmica) migraram para o Sul da Terra de Canaã, tal como os povos semitas, entre os quais os Abramitas e após o XII° século a.C. entre eles estavam as tribos judaístas. Estas, de origem pré-árabe, se instalaram nessa mesma região, após o século VII° a.C., originando o reino de Judá.

Os povos Abramitas tinham Yahweh como deus principal, em seus panteões. Além das comprovações arqueológicas citadas por M. Liverani, e indicando esse culto preferencial, também podemos citar os registros bíblicos do Êxodo, assinalando a experiência mística de Moisés, ao encontrar Yahweh pela primeira vez. Essa experiência mística se teria passado no Monte Horeb, em território de tribos pré-árabes (em Madian) no Sul da Terra de Canaã (ver: Êxodo 3:1-6).

---

[85] Ver: LIVERANI, Mario. *Para além da Bíblia*: história antiga de Israel. São Paulo: Edições Loyola, 2008, p. 254-260. Ver, também: FINKELSTEIN, Israel; ROMER, Thomas. *As origens da Torá*: novas descobertas arqueológicas, novas perspectivas. Petrópolis: Editora Vozes, 2022, *passim*.

Tratemos, agora, da deidade denominada *Nohestan*; tratava-se de uma "cobra alada" (dotada com três pares de asas); esse ídolo, fundido em bronze (ou teria sido estampado em cobre? Cremos ser mais provável o bronze, porque ela teria sido produzida durante o período do "Bronze Médio"), estava afixado em uma das paredes do Templo de Jerusalém. Sua presença no Templo nos é informada pelo Livro II de Reis (18:4-5). O texto informa que esse ídolo fora construído por Moisés, durante a epopeia mítica do Êxodo.[86] Informa, ainda, que o povoem Jerusalém cultuava a tal deidade, queimando incenso para ela. *Nohestan* foi destruído pelo rei de Judá, Josias, perto de 716 a.C., com a reforma religiosa (a caminho do monoteísmo; implantação da monolatria javista) que ele conduziu (ver: II Livro dos Reis, 23). Mas essa reforma foi sangrenta: declara o mesmo Livro II de Reis que, nos templos dos "lugares altos", onde era cultuada a deusa Astarté, todos os seus sacerdotes foram mortos. Daí porque muitos autores opinam ter sido a implantação do monoteísmo javista, uma sucessão de assassinatos. Portanto, como Yahweh pode ser um "Deus de Amor"?!

No Livro de Números (21:4-6), é relatado que Yahweh ordena a Moisés fazer a efígie da serpente Nohestan: seria um amuleto de cura, para os israelitas que, no deserto, fossem picados por cobras da espécie "saraph".

Mas por que "cobras aladas"? Tratava-se de uma espécie de cobras com capacidade muscular de saltar a alturas de 2 a 3 m, picando os beduínos, mesmo que montados em seus camelos. Daí porque a legenda popular as tenha descrito com asas. Todavia, a legenda popular as descrevia como espécies de serpentes denominadas "saraph", nome hebraico cujo plural é grafado "seraphin". Essas cobras teriam sido muito temidas, naqueles tempos bíblicos. Com efeito, no Livro de Isaías (6:1-2), o profeta relata uma sua visão de Yahweh, em que três "seraphin" voejavam em torno da sua cabeça[87] e com um par de asas cobriam a face de Yahweh; com outro par de asas, cobriam os seus pés; o terceiro par faziam-nas voarem.

Com essa visão do profeta Isaías, compreende-se o porquê da crença nas "cobras aladas". E mais: como essas serpentes participavam da intimidade próxima de Yahweh (além de ter sido a própria deidade que ordenara a Moisés reproduzir uma delas, em bronze), torna-se naturalmente compreensível a sua introdução no Templo, como uma deidade cultuada, junto a Yahweh.

---

[86] Esse ídolo é referido como sendo "uma serpente de bronze". Ressaltemos que, no tempo em que se relata a sua execução, o bronze era a liga metálica mais conhecida: vivia-se, então, a Idade do Bronze. a tradição indica ser Moisés o seu criador. Ver: Números, 21:9.

[87] Observar que, na Bíblia de Jerusalém, o tradutor do hebraico traduziu "seraphin" (o plural da espécie "seraph", de serpentes) como "Serafins", anjos da mitologia cristã.

Mas há aqui também outra questão intrigante: porque, na cultura religiosa europeia, quando representamos a de idade (tal como na visão de Isaías, 6:1-2), representamo-la cercada por "anjinhos", rechonchudinhos, louros e de cabelos encaracolados? E, além do mais, qual seria o nome atribuído a esses anjos? Serafins!

Torna-se evidente. o monge tradutor, ao compilar os textos hebraicos (teria sido Jerônimo — mais tarde sagrado "Santo" do catolicismo — na missão decompor a "Vulgata"?) e ao se deparar com o vocábulo "seraphin" no texto de Isaías, não conhecendo a legenda das "serpentes saltadoras", muito embora soubesse que o sufixo "in" indicava o plural de "saraph", pensou: "o que era 'seraph'?". O piedoso monge jamais poderia imaginar "serpentes esvoaçando em torno da cabeça de Yahweh!". Que horror! O profeta vira anjos — os Serafins de nossa teologia — bastava representá-los segundo a nossa cultura. A estética da arte barroca (e, entre nós, a genialidade do Mestre Aleijadinho!) criaria a imagem dos "rechonchudos" e inocentes "anjinhos-crianças", do imaginário do nosso barroco mineiro.

Abordemos, agora, uma nova e interessante questão, já que os textos bíblicos não fazem nenhuma referência explícita às habilidades manuais e criativas da personagem Moisés, o qual nos é apresentado, simplesmente, como o mítico "condutor" do povo israelita: qual teria sido a atividade mecânica, profissional, do Moisés histórico, já que o mito o declara educado no Egito, e para a cultura egípcia?

Sem maiores dúvidas, na época do Moisés jovem, ele teria sido um artífice, dominando a metalurgia. Durante o século 15 a.C., dominar a metalurgia era também ser um mago; tal qualificação é destacada no relato bíblico, com a disputa de magias diante do faraó. Em Êxodo (7:1-20), o texto bíblico o declara, ao referir-se à confecção da serpente de bronze, mas também em Números (10:1-2), onde Yahweh ordena que Moisés fizesse duas trombetas, em prata.

Como que confirmando essas evidências, vamos ler em Juízes, 17 e 18 que, no tempo da instalação da tribo de Dan, havia um sacerdote, exímio na confecção de ídolos: era o filho de Gerson, e neto de Moisés. Confirmava-se, portanto, uma tradição clâmica, tradição essa que, desde Noé, e praticada por Taré (pai de Abraão), vemos continuada em Moisés e em sua descendência.

VII-2 – Os relatos míticos sobre Abraão

Abraão foi considerado o profeta maior do judaísmo, do cristianismo e do islamismo. Como tal, é personalidade miticamente criada. É, também, o "Pai-Fundador" da nacionalidade hebraica. É figura cujos traços arqueológicos são, hoje, reconhecidos nas tribos de um povo nômade, os Abramitas, povo pré-árabe, fixado ao Norte da península arábica, mas no Sul da Terra de Canaã.[88]

Na cultura ocidental, as primeiras informações sobre Abraão nos vêm da Bíblia Hebraica, em Gênesis, 11:28-32. Entendemos, contudo: mais que posturas de fé religiosa, os registros bíblicos sobre Abraão devem ser entendidos como peças literárias, para o controle social de uma população. Do ponto de vista historiográfico, serão considerados como relatos míticos colhidos nas tradições orais dos povos judaísta e israelita.

Figura 7.1 – Uma idealização de Abraão, o Patriarca, nas religiões Judaica, Católica e Islâmica

E, aqui, cabe importante e necessário esclarecimento: empregamos o vocábulo "mito" para a significação antropológica de: "Uma interpretação de fatos ocorridos em dada época, e relatados em época posterior, por

---

[88] LIVERANI, Mario. *Para além da Bíblia*: história antiga de Israel. São Paulo: Edições Loyola, 2008, p. 52.

HOMO CREATOR: PENSANDO UM MUNDO EMERGENTE — UMA HISTÓRIA

motivos e intenções as mais diversas, mas com uma compreensão fenomenológica acessível aos coetâneos do redator do relato". Não se trata, pois, de considerá-los como "textos mentirosos". Mas, simplesmente, alegóricos. e será com tal critério que examinaremos os relatos bíblicos, tendo sempre presente ao nosso espírito: "Em que época foi redigido?" e "Qual teria sido o contexto, e a possível intencionalidade do seu redator?".

Em se tratando dos livros do Gênesis e do Êxodo, devemos ter presente que esses são textos redigidos em Jerusalém, por sacerdotes do Templo reconstruído, a partir dos últimos anos do século 5º a.C.; são, portanto, contemporâneos da "reforma religiosa do rei Josias", em Judá. E qual teria sido o principal objetivo dos sacerdotes do Templo naquele momento? A erradicação da polilatria, no reino de Judá; e a implantação da monolatria javista: "Yahweh seria o deus principal; portanto, o único a ser cultuado, em contexto social de politeísmo"![89]

Em que pese sabermos, atualmente, que Abraão e Jacó, tal como apresentados na Bíblia Hebraica, sejam personagens míticas, consideramos que os fatos narrados podem traduzir memórias orais de fatos realmente ocorridos, em passado distante, e com personagens reais. Sob a ótica anteriormente exposta, consideremos os relatos sobre a cidade de origem, bem como o périplo do clã, onde Abrão seria um dos seus membros. Iniciemo-lo pelo relato geográfico: a cidade citada como sendo a de sua origem é a de Ur, antiga cidade-Estado, portuária, da Mesopotâmia. Era a histórica "Ur dos Caldeus", como citada no Livro do Gênesis. É certo que, na época da redação desse texto (cerca de 497 a.C.), a cidade-Estado de Ur estava muito presente no imaginário daqueles sacerdotes-redatores: eram eles os exilados israelitas/judaístas na Mesopotâmia; e retornavam a Jerusalém, sob o império de Ciro ("O Grande"). Logo, tal cidade seria passível de ser assumida, em tradução preferencial, como uma eventual oralidade então presente para aqueles redatores.

Porém, tenhamos presente: a "Ur dos Caldeus" é uma denominação advinda da presença do povo Caldeu na Mesopotâmia, por volta do século 6º a.C., enquanto o mito de Abraão teria transcorrido em torno do século 19 a.C., quando o povo Caldeu ainda não habitava aquela região. A informação soa como falsa, portanto.

Um segundo ponto a considerar seria a trajetória da migração desse clã, tratado como se fora "o clã de Abraão" (em realidade, seria o clã de Taré, pai de Abraão).

---

[89] Ver: LIVERANI, Mario. *Para além da Bíblia*: história antiga de Israel. São Paulo: Edições Loyola, 2008.

Consideremos, agora, a figura 7.2, a qual representa o "Crescente Fértil", tal como entendido na antiguidade do Oriente Próximo. Trata-se de região situada entre o Mar Mediterrâneo e o Golfo Arábico e o Golfo de Suez, no Oceano Índico.

Figura 7.2 – O "Crescente Fértil" e as rotas antigas para o Egito

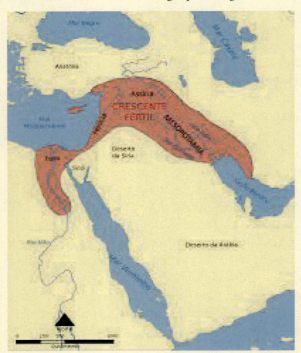

Nesse mapa, representamos o "Crescente Fértil" ela mancha grená, envolvendo os vales dos rios Eufrates e Tigre (a Mesopotâmia); o Vale do rio Jordão (a Terra de Canaã); o delta e os vales superior e médio do rio Nilo (Império Egípcio). entre esses três vales férteis, e os dois golfos — de Suez e Arábico —, situavam-se os terrivelmente temidos desertos da Síria e da Arábia.

Em vista dessa conformação geográfica, a rota das caravanas dos viajantes provenientes da Índia, e demandando o Egito, percorria todo o "Crescente Fértil", contornando aqueles desertos.

Nesse trajeto, os viajantes infletirão para o Sul, ao atingirem as orlas do Planalto da Anatólia, a Noroeste da Mesopotâmia.

Contudo, será de difícil compreensão por qual razão o clã de Taré (pai de Abraão), e nunca o "clã de Abraão", saindo de Ur (próximo ao Golfo Arábico), e se dirigindo à "Terra de Canaã" (por determinação da divindade) houvesse parado a meio caminho, em Haram (nos altiplanos da Anatólia) e ali se houvesse radicado.[90]

Procuremos compreender tal (possível) acontecimento: segundo aquela fonte bíblica católica, o clã de Taré teria deixado Ur (dos Caldeus) dirigindo-se à "Terra Prometida". Contudo, esse clã se fixou na região de Haram, onde permaneceu durante várias gerações, após uma cisão ocorrida no próprio clã (ainda de Taré?).

Haram era uma região situada a Nordeste da rota que era presumida seguirem, caso houvessem partido da cidade de Ur. Haram, região muito fértil, está situada nos altiplanos da Anatólia, e era local de parada e descanso de caravanas; mas estava fora da rota de Ur para o Egito. Era rota para as caravanas vindo da Ásia Central, por terra, e das regiões entre os mares Negro e Cáspio. Essas duas rotas, ali, confluíam, aproximando-se das margens do Mediterrâneo, e demandando o Egito.

Podemos notar que os relatos abraâmicos na Bíblia Hebraica valorizam a resiliência (atual e futura) de Abraão, quanto ao pacto que protagonizará com Yahweh. Nesse sentido, o texto bíblico introduzirá a pessoa de Taré (pai de Abraão), caracterizando a origem de Abraão, como descendente de Noé (a 10ª geração após Noé).

Sabemos que esse texto bíblico tem sua origem no Templo de Jerusalém (após 497 a.C.) — texto sacerdotal, portanto — e visava a uma dupla ação política: 1) caracterização mítica das origens do povo de Israel/Judá como descendentes de Abraão; e 2) a reafirmação da monolatria em Judá, tornando Yahweh o seu deus principal e verdadeiro.[91]

Podemos pensar que ainda eram recentes, para os sacerdotes do Templo, as memórias do exílio israelita/judaísta, na Babilônia. E, além do mais, havia um grande esforço para a transformação dos cultos, que deveriam ser realizados no Templo (coma exclusão de qualquer outro local), mudando o politeísmo popular, então praticado, para o monoteísmo de Yahweh.[92]

---

[90] Ver: Gênesis, 11:28-32 em BÍBLIA SAGRADA (versão traduzida do hebraico e do grego, pelos monges Beneditinos de Maredsous, Bélgica). São Paulo: Editora "Ave Maria", 1959.

[91] RIBEIRO, Osvaldo Luís. *Homo Faber*: o contexto da criação em Gênesis 1, 1-3.1. ed. Rio de Janeiro: Mauad X, 2005.

[92] Ver: LIVERANI, Mario. *Para além da Bíblia*: história antiga de Israel. São Paulo: Edições Loyola, 2008, p. 252-260.

Contudo, por que, nas memórias míticas sobre Abraão, a origem do seu clã é atribuída à cidade-Estado de Ur?

Contestando essa origem, citamos um mais recente estudo sobre a época dos patriarcas. Ele nos leva a novas e mais precisas avaliações dessa temática. Em KROGH, Claus Fentz, *From Abraham to Joseph: the reality of the historical patriarchal age*, finalmente encontramos uma hipótese viável para a suspeitada errônea citação bíblica sobre a "Ur dos Caldeus". Essa nova fonte afirma que a "Ur-Kashdim" (do hebraico antigo), traduzido como a "Ur dos Caldeus", é uma tradução equivocada. De fato, tal locução se referiria, nos tempos abraâmicos, à cidade de "Ur-Kesh", cidade do Noroeste da Mesopotâmia.[93] Atualmente, é a cidade turca conhecida como "Urfa", cidade-relicário do islamismo.

O equívoco na tradução do nome dessa cidade de Ur, tal como citado por Krogh, nos conduza outra possível origem territorial para o clã de Taré. Essa nova origem também será uma origem mítica; porém se referiria a um fato novo (e muito plausível!) como forte motivação para a migração inicial do clã: ele teria migrado para a localidade de Haram, como fuga a uma eventual perseguição político-religiosa. Essa tradição islâmica é bem mais recente (séculos 5º e 6º d.C.) e apresenta fortes motivações político--religiosas, determinantes para a subsequente cisão do clã (após a morte de Taré), agora em nível de motivações religiosas discutíveis (por "revelação mística"), opondo os interesses imediatos dos dois filhos, e herdeiros, de Taré, Abraão e Nacor.

As informações induzidas por essa nova fonte alterarão radicalmente o nosso entendimento quanto à possível origem, bem como as motivações migratórias do clã (agora de Abraão).

De fato, agora, Abraão e nos aparecerá revestido de um novo sentido histórico: é o possível agente de um dos primeiros movimentos de resistência contra a deificação de um rei, com a finalidade de controle social do grupo. E esses fatos ocorrendo muito prematuramente, durante a "invenção" do politeísmo uraniano.

A partir dessas novas informações, também questionaremos: teria sido a Ur (dos Caldeus) a cidade de origem do clã de Taré? Taré era o patriarca de um clã em que viviam seus filhos, Abraão, Nacor e Arão. Julgamos que sua origem teria sido uma cidade situada além da Alta Mesopotâmia, mais

---

[93] Ver: KROGH, Claus Fentz. *From Abraham to Joseph*: the reality of the historical patriarchal age. *In:* http://www.genesispatriarchs.dk/patriarchs/abraham/abraham eng.htm.

ao Norte, e nos altiplanos da península da Anatólia. Por razão da própria trajetória de migração desse clã, não o julgamos provindo da cidade de Ur (dos Caldeus). Porém, confluindo com a tese de C. Krogh (anteriormente citada), as tradições islâmicas, presentes até a nossa atualidade, citam a cidade turca de **Samliurfa** (a histórica cidade de Urfa) como sendo a terra natal de Abraão, Nacor e Arão.[94]

Ainda mais, essas tradições apontam Taré como um artista, um escultor de imagens. Com muita probabilidade, ele seria, também, um artífice da metalurgia nascente; portanto, um mago.

A arte da escultura, desde os tempos pré-calcolíticos, era um atributo dos xamãs.[95] Como um verdadeiro xamã (mais tarde, no correr da Idade do Bronze, e entre os povos do Oriente Próximo, transformados em "magos", "adivinhos", "necromantes", "profetas" e artífices das artes metalúrgicas, e construtores), será lícito pensarmos que Taré teria sido pessoa grada e respeitada, dotada de sensibilidade espiritual, a qual teria sido parcialmente herdada por seu filho, Abraão[96].

Detenhamo-nos, antes de prosseguir, em melhor conhecera atual cidade de Samliurfa: um pouco a Noroeste do ponto mais alto da rota para o Egito (a partir da Ur dos Caldeus) — e cerca de 50 quilômetros acima —, encontrava-se a cidade de Urfa, hoje a bela cidade de Samliurfa, no Sudoeste da Turquia, e relicário histórico cultivado pelo islamismo. Trata-se da histórica Urfa, que se encontrava a cerca de 45 km além, e a Noroeste da localidade bíblica citada como a "região de Haram".

Haram (ou Harã) não era uma cidade, mas sim uma região privilegiada em águas e pastagens, na qual residiu Taré e seu clã, após a morte de Arão e até a morte do próprio Taré (Gênesis, 11:31-32).

Consideremos alguns pontos pouco claros (não obstante o fato de serem relatos míticos) na narrativa da Bíblia Hebraica: a) a Haram bíblica era um local de passagem; provavelmente, era como que uma espécie de oásis em um deserto: um ponto de parada e repouso das caravanas que demandavam as terras do Egito, provenientes seja do Golfo Pérsico, na Baixa Mesopotâmia (onde se situava a cidade-Estado de Ur), seja da Ásia

---

[94] Ver: Samliyrfa, cidade-relicário do islamismo, na Turquia. Situada a Sudoeste da Península da Anatólia. Sanliurfa (Urfa), a cidade santa onde nasceu Abraão. Disponível em: https://www.vagamundos.pt › sanliurfa-urfa.

[95] Ver nosso Título III, tratando do "Pensamento Mágico".

[96] Nota: essa última hipótese é do autor do presente texto, e tem fundamentos antropológicos na origem do clã de Taré. Essa hipótese também explicaria a sensibilidade de Abrão à transcendência, a qual se manifestaria mais tarde, em sua trajetória de vida, como veremos.

Central, através das regiões do Mar Negro ou do Mar Cáspio, confluindo para a Península da Anatólia; Harã (ou Haram) era o ponto de inflexão das rotas que, demandando o Egito, contornavam os temíveis desertos da Síria e da Arábia.[97] Haram era, pois, um importante território, local de encontro entre os povos daquela época. Logo, era um polo de negociações de importância, inclusive para a aquisição de escravos de diversas procedências; b) sem precisar o tempo de permanência do clã de Taré em Harã (Abraão era o primogênito), as fontes bíblicas católicas sugerem que ali tenham permanecido por tempo considerável, possibilitando o enriquecimento do clã. Após o falecimento de Taré, Abraão se tornou o patriarca desse clã; c) as fontes bíblicas não o informam claramente, mas se compreende que houve uma cisão entre os irmãos Abraão e Nacor: Abraão partirá para a "Terra Prometida", enquanto Nacor, formando outro novo clã, permanecerá (e prosperará) em Haram. A essa parentela, Abraão recorrerá, mais tarde, para contratar casamento para o seu filho, Isaac.

Contam mais as legendas míticas islâmicas: artífice respeitado, e natural de Urfa, Taré teria sido contratado para esculpir várias imagens de deidades (deidades lunares, agrárias?) para o panteão local, anteriormente dedicado a Urano. Mas a novidade capital, agora, seria a entronização de **Nemrod**, rei daquela cidade-Estado, ao lado da deidade principal. Abraão se teria mostrado inconformado com tal deificação, destruindo a estátua de Nemrod. Esse rei teria reagido, ordenando a prisão e condenação à morte a Abraão. Teria havido a intervenção influente do prestígio mágico de Taré; seu clã fugiria para Haram, onde se estabeleceria, perdendo-se entre as multidões de passantes, que ali permaneciam por pouco tempo.

Contudo, as fontes islâmicas não se comportariam de modo muito diverso dos relatos da Bíblia Hebraica: criariam relatos forjando uma estória miraculosa, valorizando a "proteção divina", salvadora de Abraão.

Como seria tal "estória"? No momento da sua criação, era bastante conhecido (e, certamente, muito respeitado!) o "Livro de Daniel", da cultura religiosa hebraica. Em suas linhas gerais, o milagre salvador de Abraão se assemelharia àquele descrito no "Livro de Daniel".[98] Nemrod sentenciara Abraão a morrer pelo fogo. A sentença seria executada em local situado

---

[97]   Em Gênesis, 24:10, encontramos a informação de que Abraão, na Terra de Canaã, possuía camelos, entre os seus rebanhos. Isso parece mostrar que ainda não havia uma especialização no criatório de camelos. Em outras palavras: era recente, na época de Abraão, a domesticação dos camelos, como meio de transporte através dos desertos.

[98]   BÍBLIA SAGRADA (versão traduzida do hebraico e do grego, pelos monges Beneditinos de Maredsous, Bélgica). São Paulo: Editora "Ave Maria", 1985, Daniel, 3:12-30.

entre duas colunas de pedras, entre as quais Abraão seria atado, e disposto entre achas de lenha. Segundo as tradições, o "deus de Abraão" faz o milagre, transformando as chamas em água; as achas de lenha são transformadas em peixes; e o local da execução, transformado em um lago, o qual existe até hoje, podendo ser visitado pelos turistas, aos quais é apresentado como local de memória e tradição religiosas...[99]

As mitologias bíblicas (tanto a católica quanto a islâmica) não dão quaisquer indicações sobre o que se teria passado após o "milagre". Tampouco indicarão as razões que levaram Abraão a se opor às maquinações reais de Nemrod.

Figura 7.3 – A "Terra da Promissão", apresentada com as atuais divisões políticas

---

[99] Nos tempos presentes, na cidade de Samliurfa, podemos visitar a "Lagoa de Abraão" e vários santuários ao seu redor, inclusive a gruta onde, diz a legenda, Abraão nasceu. Entre os vários santuários ali existentes, cultuados pela fé muçulmana e católica, encontram-se as colunas onde Abraão teria sido atado. Ver na internet: *SAMLIURFA: A pérola do Sudoeste da Turquia, a cidade natal de Abraão. Tesouros culturais da Turquia.*

De fato, o clã fugitivo não retornaria mais a Urfa; e, após a morte de Taré, Abraão se tornaria o patriarca do clã. Mas o clã se cindirá: Abraão e seu sobrinho, Lot, partem para a "Terra de Canaã", enquanto o seu irmão, Nacor, permanecerá em Haram formando um novo clã. E será nesse novo clã (de Nacor) onde, uma geração mais tarde, Abraão mandará contratar uma esposa para o seu filho tardio, Isaac.

Apresentamos, aqui, uma releitura das tradições judaica e islâmica. Não pretendemos fazer aproximações, buscando qualquer eventual historicidade naquelas narrações, porquanto sabemos serem lendárias. Não obstante, devemos ter presente que poderia haver algum resíduo histórico, subjacente às duas versões desse mito. Insistiremos no fato de que, em ambas as narrativas, seus redatores tinham como objetivo tornar visível um acabado monoteísmo, em Abraão.

Convém seja lembrado que, na tradição judaísta, é a reforma religiosa iniciada pelo rei Ezequias, no Templo de Jerusalém, entre 726 e 697 a.C. (II Livro dos Reis, 18:1-7).

O que se apresentará como consequência inequívoca desse fundamentalismo será a monolatria, alterando as tradições abrâmicas entre os judaístas. Na tradição islâmica, amonolatria abraâmica é reafirmada por meio do mito de Daniel (do século 2º a.C.) — reformulado e representado como situado no tempo e vida de Abraão —, mas fica ainda uma questão importante, não respondida claramente: o que teria determinado a cisão no clã, anteriormente de Taré, e agora sob o patriarcado de Abraão, aqui apresentado como "Profeta eleito de Alá"?

O mando de Abraão teria sido contestado por Nacor? Informa a Bíblia Católica que Abraão já era um octogenário quando o seu deus (que, nesse momento, ainda não se apresentara como Yahweh, mas como El-Shadai! Sobre esse ponto, muito controverso, ver: Êxodo, 6:3) se lhe apresenta, em sonho, ordenando-lhe que partisse, com o seu clã, para a "Terra de Canaã" (Gênesis, 15:8).

Nacor se teria oposto a isso. Por quê? Não há registros sobre as objeções eventuais alevantadas por Nacor. Não obstante, podemos fazer algumas suposições. vivia-se em crenças politeístas, e as decisões de Abraão provinham de uma deidade que se manifestava fora de um panteão; logo, poderia haver uma suspeição de insanidade sobre Abraão. Além do mais, as "terras prometidas" pela divindade eram as terras ocupadas pelos povos Hitei, Amoreu, Jebuzeu. Para Abraão ocupar essas terras, haveria que expulsar delas os povos que lá já estavam. Nacor deve ter ponderado tudo isso, e ainda mais: como, no entendimento místico da época, os deuses eram considerados "soberanos" — uma teologia simples e direta, entendendo que faziam o que era bom e o que era mau (não eram nem bons, nem maus, eram mansos, ou se enfureciam... apenas projeções dos caracteres humanos, idênticos aos que os pensaram!) —, fácil compreender as razões de Nacor.

Mas há outra possibilidade de explicação para essa cisão: ela teria, também, motivação religiosa. Ela nos autoriza a pensar que, enquanto a fé de Abraão era uraniana, aquela do seu irmão, Nacor, seria uma outra fé, também politeísta, mas de conformação agrária. Provavelmente, seria uma crença em deuses lunares.

Esse último juízo se confirmará, mais tarde, com a perseguição de Labão a Jacó e às suas esposas, filhas do próprio Labão, neto de Nacor (Gênesis 31:15-55). Nacor e sua parentela teriam se recusado em partir com Abraão, provavelmente por uma questão de fé religiosa (posto terem permanecido politeístas, ao contrário de Abraão). Permaneceriam em Haram, durante várias gerações sucessivas, após a partida do novo clã, formado por Abraão. De fato, é o próprio Livro do Gênesis que nos informa ter Abraão enviado a Haram, duas gerações mais tarde, pessoa de sua mais estrita confiança para, entre a descendência do seu irmão, Nacor, escolher uma esposa para o seu filho tardio, Isaac. Rebeca, filha de Batuel e neta de Nacor, foi a escolhida (Gênesis, 24:1-54).

No Título VI-1, comentamos que as religiões indo-mediterrâneas transformaram a presença de Urano em outros deuses, com outras denominações, mas com idênticas propriedades, a saber: deuses majestáticos, guerreiros ("senhores dos exércitos"), fecundadores, e que se faziam apresentar por meio dos raios, dos trovões e das tempestades; mas outras cratofanias poderiam estar presentes, caso outros eventos telúricos ocorressem nos seus entornos.

De fato, a religiosidade das populações arcaicas se apresentava com deidades fundamentalmente uranianas (criadoras das coisas, senhor dos raios e das tempestades, habitante do mais alto do domo do céu). Desde antes do período cultural do Calcolítico, o conjunto de crenças uranianas se mantinha quase inacessível ao entendimento da grande maioria das populações; mostrava-se ausente de alguma materialidade palpável. Essa materialidade seria dada a partir dos ritos e das cerimônias iniciáticas (lembremo-nos de que o deus de Abraão se manifestava por meio de sonhos, e somente para algumas pessoas, as quais eram privilegiadas por esse próprio deus). Desse modo, as crenças uranianas perderiam, progressivamente, os seus valores culturais. Esses valores seriam substituídos por outros seres celestes, mais assimiláveis e inteligíveis pelos comuns dos sapiens daquela época.[100]

O deus de Abraão se tornaria em deidade clâmica, no sentido de que seria cultuado pelo clã, e cujas ordenações se fariam, diretamente, por meio do patriarca desse clã, ou a partir de hierofantes especiais.[101] Há um exemplo marcante dessa situação no caso do hierofante Balaão (Números, 22:1-35).

A personalidade do deus de Abraão é aquela de um soberano do céu chuvoso e terrificante; é aquela do criador e mantenedor da ordem cósmica da comunidade, que ele rege. Curiosamente — e de modo diverso das deidades de então — ele assume ser o guardião das leis e o mantenedor das normas da conduta no seu clã, em processo consuetudinário (contrastando com a destruição de Sodoma e Gomorra, condenadas pela censura sacerdotal, face a uma interpretação moral daqueles sacerdotes). Cabe, aqui, observação da maior importância: nos tempos abraâmicos não havia o conceito de uma cosmogonia universal aplicada ao orbe terrestre. Nem mesmo era concebido, ainda, um planeta Terra, em sistema heliocêntrico: o território era crido plano, e a abóbada celeste limitada pela linha do horizonte circundante. A humanidade era o povo contido na cidade-Estado de cada povo.

O deus de Abraão era, também, um deus fecundador (a predestinação de Ismael, por meio da escrava Agar; de Isaac, a partir de Sarai). E, ainda, cerca de 1,5 milênio após, e nesse mesmo povo hebreu, o surgimento de um "Messias", com a fecundação mística de Maria, uma virgem).

Também, outros deuses eram cultuados entre os vários povos dessa região da "Terra de Canaã". Exemplificamos com o "Deus Altíssimo, criador do céu e da terra"; ou, como outro exemplo, o deus de Melquisedeque, rei e sacerdote da cidade de Siquém, que possuía idênticas propriedades (Gênesis, 14:18-20).

Uma propriedade comum entre as deidades de origem cultural uraniana, na "Terra de Canaã", era a de se apresentarem em meio a fenômenos meteóricos, os mais diversos. A exemplo do Deus de Israel, que se anunciará a partir dos relâmpagos e pelos trovões. Geralmente, sua presença é denun-

---

[100] ELIADE, 1970, p. 83-159.

[101] Sacerdote de "ciências ocultas". Adivinho e expositor de mistérios espirituais. Na cultura religiosa hebraica do pós-exílio babilônico, "profetas populares".

ciada por uma espessa nuvem que envolve o lugar onde se manifestarão. Dessa forma, o mito bíblico descreverá a sua apresentação a Moisés, no Monte Sinai.

VII-3 – Revisitando o mito de Jacó

Os atuais exegetas da Bíblia Hebraica são unânimes ao afirmarem: Abraão é uma personalidade mítica, forjada durante o passado remoto, nas tribos abraâmitas do Sul da "Terra de Canaã"; sua oralidade foi registrada na Torá, a partir do ano 527 a.C., pelos sacerdotes do Templo de Jerusalém, após o reinado de Josias, em Judá.

Por outro lado, Jacó seria um mito de nacionalidade, gerado pelas tribos semitas dos israelitas, que formaram o "Reino do Norte", na mesma "Terra de Canaã". ambos — Abraão e Jacó — se tornaram em mitos fundacionais do povo judaico, embora o segundo tenha surgido mais tardiamente, embasando a mitologia nacionalista da Torá, como citado anteriormente.

Esses mitos estariam ligados à confirmação da posse territorial judaísta, naquela região canaanita, quando do seu retorno da Babilônia. Essas elites judaístas foram designadas, na literatura hebraica, "pelo vocábulo golah" (Os deportados); retornaram a Judá após o ano 527 a.C. Essas elites, então, estimuladas por Ciro — "o Grande" — rei da Pérsia, quando da consolidação do Império Persa.

Os trabalhos arqueológicos realizados por pesquisadores das universidades de Jerusalém, Tel-Aviv e Haifa[102] mostram Abraão como herói nacional das tribos abraâmitas (Semitas, em sua origem), do Sul de Canaã; eles mostram, também, Jacó, não mais como neto de Abraão (filho de Isaac), mas como herói nacional, também mítico, das tribos israelitas compondo o reino do Norte, na "Terra de Canaã".

Por oportuno, ressaltemos: o reino do Norte se apresenta em contraposição ao reino do Sul, ambos na "Terra de Canaã"; o primeiro, formado por tribos canaanitas (algumas envolvidas em saga históricas, eventualmente consideradas nos relatos bíblicos do Êxodo); o segundo, constituído por tribos edomitas (o mito de Edom, ou Esaú); todas essas tribos pré-árabes, que formariam o histórico reino de Judá, além das atuais Jordânia, Palestina e Israel.

Confirmando essas evidências arqueológicas, nos relatos proféticos de JEREMIAS (33:23-26), repercute o sentimento dos judaístas exilados na Babilônia, diante das novas perspectivas introduzidas pela dominação

---

[102] ISRAEL; SILBERMAN. *A Bíblia desenterrada*. Petrópolis: Vozes, 2018.

do imperador Ciro, da Pérsia. Manifestávamos judaístas o sentimento de herdeiros do território cananeu, tal como os abraâmitas, que não foram exilados, mas também descendentes do "Pai, Abraão". Este justificava aqueles da "golah":

> Mas nós as reivindicamos também, como herdeiros que somos de Jacó; logo, também somos filhos de Abraão; e também nossa é a herança.

Tal foi a manifestação do profeta, ainda nas terras do exílio.

Segundo os registros bíblicos, o deus de Abraão, na época habitual, não lhe dera descendência. Contudo, dera-lhe quando ele contava seus 85 anos. Nessa época concebera a Ismael, com Agar, escrava egípcia de sua mulher, Sarai, que Sarai também era estéril. Ainda, segundo esses mesmos registros míticos, aos 99 anos, permitiu-lhe, o mesmo deus, conceber, com sua mulher, Sarai, a Isaac (Gênesis, 15:1-21 e 16:1-16).

Mas o que importa é aquilo que os sacerdotes-redatores bíblicos queriam ressaltar: que o primogênito de Isaac, Esaú, não seria dotado da resiliência necessária à missão principal transmitida pelos seus escritos. É que, por seu próprio arbítrio, Esaú não valorizará a instituição da primogenitura! Jacó seria o destinado a dar origem ao "povo eleito" e, por isso, será o gerador dos patriarcas das doze tribos de Israel (Gênesis, 25:29-33).

Ao se aperceber do valor social da primogenitura que perdera, Esaú acusa o irmão de o ter ludibriado, perseguindo-o vingativamente. Jacó refugiara-se em Haram, esquivando-se da ira do seu irmão.

Em Haram, junto à descendência do seu avô e de sua mãe, Jacó buscará esposas; nas circunstâncias descritas em Gênesis, 28:35, Jacó se unirá a duas das filhas do seu primo, Labão.

Ressaltemos que Jacó, como personagem mítica construída, será considerado o "pai-fundador" das tribos israelitas que se instalariam ao Norte de Canaã, em prosseguimento da saga descrita no Livro do Êxodo.

Compreendamos o alcance do enredo desenvolvido pelos sacerdotes-redatores do Livro do Êxodo: ao se aperceberem da necessidade em justificar as suas origens abraâmicas, os descendentes dos judaístas, após setenta anos exilados na Babilônia, ao retornarem a Judá, em 490 a.C., reivindicarão as terras que, agora apossadas pelos abraâmitas residentes, anteriormente seriam, também, dos exilados.

Examinemos o Livro de Jeremias, 4:1-4:

> 1, Se, Israel, voltares para mim, se ante meu olhar te despojares das tuas práticas abomináveis, se não andares a vaguear de um lado para o outro; 2, se, pela vida do Senhor jurares, lealmente, com retidão e justiça, então as nações incluir-te-ão em suas bênçãos; 3, Assim fala o Senhor aos povos de Judá e Jerusalém: "Desbravai um novo campo, evitai semear entre espinhos, ó povos de Judá e Jerusalém"; 4, Circuncidai-vos em honra do Senhor, tirai os prepúcios de vossos corações, a fim de que meu furor se não converta em fogo, e não vos consuma, e ninguém possa extinguir, por causa da perversidade de vossos atos.

Inequivocamente, o discurso do profeta (que se encontrava na Babilônia) se refere à próxima volta das elites judaístas, exiladas na Mesopotâmia, e que agora, estimulados por Ciro (O Grande), voltariam para a Palestina, formando a nova vassalagem do Império Persa.

O texto profético mostra que Ciro admitiria total liberdade religiosa aos que retornassem. Seriam livres em certo sentido, tanto que, antecipando as reformas religiosas que se praticariam em Judá, o monoteísmo javista está claramente explicitado nos versos 3 e 4, do capítulo 4, transcritos anteriormente.

A redação do mito do êxodo declara haver uma continuidade genética entre os povos israelita e judaísta, com a descendência direta de Noé (a versão javista do mito do dilúvio). Além do mais, notemos que, nos relatos da Torá, haveria um lapso histórico de cerca de 1.300 anos, entre a pretendida historicidade dos fatos narrados e a atualidade dos narradores. Admitir-se-ão, então, múltiplas alterações nos registros da oralidade das tradições então redigidas pelos sacerdotes-redatores na Jerusalém pós-exílica.[103]

Retornemos às tradições, tais como descritas no Êxodo: Esaú, além de não ter valorizado a tradição da primogenitura, também não valorizara a continuidade da linhagem genética. Por tudo isso, os sacerdotes do Templo forjarão o mito de Jacó, refugiando-se em Haram, e dando continuidade mítica da ascendência a Noé do povo hebreu no Egito.

O mito de José (filho tardio de Jacó, como prefeito do faraó, no Egito) também buscará explicar a razão da pretensa "escravização" do povo hebreu no Egito. Nesse ponto, em particular, percebemos a aproximação que será

---

[103] Estamos admitindo que a Torá, tal como a conhecemos hoje, teve a sua redação realizada nos tempos pós-exílicos, pelos sacerdotes do Templo, iniciada no tempo de Zorobabel, mas continuada após o misterioso desaparecimento desse rei, e o subsequente empoderamento político sacerdotal. Ver: FINKELSTEIN, Israel; ROMMER, Thomas. *As origens da Torá*: novas descobertas arqueológicas, novas perspectivas. Petrópolis: Editora Vozes, 2022, p. 66-71. Ver, também: LIVERANI, Mario. *Para além da Bíblia*: história antiga de Israel. São Paulo: Edições Loyola, 2008, p. 54.

feita, da "escravização" no Egito com a "escravização" na Babilônia (ambas, castigos da divindade, pela "abominação" politeísta do povo hebreu): em ambos os casos, legitimamente, não se poderia falar de "escravização", mas, antes, de um "exílio"; no primeiro caso, voluntário, por circunstâncias climáticas, próprias da Palestina; no segundo, por guerras de conquistas entre aqueles povos do Oriente Próximo. Nos dois casos, a prosperidade conseguida pelo povo hebreu desautoriza o uso da qualificação "escravidão" para o viver desse povo.

Abraão descendia de um povo semita; seu pai, Taré, era a quarta geração após Heber; Heber era a terceira geração após Sem, filho de Noé. Portanto, a tradição bíblica colocava a ascendência de Noé em Abraão, e em Jacó.

Contudo, Ismael e os filhos de Edom já não o serão, em nome de uma pureza racial que se mostra, inconfessável, nos textos nacionalistas dos sacerdotes do Templo de Jerusalém.

De fato, essa disposição sacerdotal é reafirmada em Gênesis, no relato da destruição de Sodoma e Gomorra. A divindade salva a família de Lot da destruição; no entanto, põe uma condição: "não olhar para trás de si, ao fugirem da cidade" (vale dizer, desligar-se completamente do seu passado de origem). Lot, e suas duas filhas, o fazem; a mulher de Lot não o faz, e em consequência é transformada em uma estátua de sal. Portanto, será "dissolvida" ou "lavada" da face da terra, por se ter ligado, amorosamente, ao seu povo castigado. Nada surpreendente, porquanto foi esse o mecanismo do castigo pelo "dilúvio".

Agora, a divindade dispôs os acontecimentos para que Lot procriasse com suas próprias filhas, restaurando uma "identidade de racial" que, de outro modo, estaria perdida.[104]

Abraão, incontestavelmente, era o "pai-fundador" do povo abraâmita, radicado no Sul da Terra de Canaã, no momento do cerco e destruição de Samaria (capital do reino israelita, do Norte, ocorrido em 727 a.C.).

Em consequência desse evento histórico, parte considerável das elites do povo israelita — que compunha o reino do Norte — migrou para as regiões abraâmitas, do reino de Judá (o dito reino do Sul), que, mais tarde, teria Jerusalém como capital.

---

[104] Reafirmemos: os textos bíblicos não são a "palavra de Deus", ou de "Inspiração Divina", conforme sustentado por algumas fontes religiosas reformadas. Sabemos que esses textos foram escritos a partir do século 7º a.C., por sacerdotes de Jerusalém, com o objetivo de controle social dos povos de Judá e Israel. o vínculo "racista" transmitido com a insistência na descendência de Noé, portanto, é uma característica cultural do grupo sacerdotal efetuando essa redação e criação míticas. Não se trata, portanto, de nenhum determinismo natural.

Vemos, pois, que os redatores bíblicos reafirmavam a ideia da sua origem racial, também ligada ao clã de Abraão; eles — os israelitas que foram levados para o exílio da Babilônia — representavam parte das classes dirigentes e sacerdotal, então retornando a Jerusalém; eles refirmavam o seu direito àquelas terras, tal como os abraâmitas, porque descendentes de Jacó, neto de Abraão. É isso o que é tratado em Jeremias, 33:23-39.[105]

Retornemos ao mito de Jacó: Esaú (também chamado Edom, era irmão gêmeo de Jacó; nascera primeiro, portanto era o primogênito), tomara esposas entre as filhas do povo Hiteu (um dos povos nômades da Terra de Canaã), para desgosto de seus pais, Isaac e Raquel (Gênesis, 26:34).[106]

Esaú (também chamado de Edom) daria origem ao povo edomita (hoje, o povo árabe da Palestina). Em nova visão do Deus de Abraão, Jacó recebe o nome de Israel, e tem a confirmação de que, a partir de sua descendência, serão gerados os dirigentes do "povo eleito", o povo que será denominado israelita (Gênesis, 35:9-15).

Ontologicamente, o relato bíblico considera a aceitação definitiva, pelo deus de Abraão, dos seus méritos, bem como os do seu filho, Isaac, para serem os continuadores da Sua "aliança" com Noé: trata-se da "aliança" que teria iniciado com o dilúvio na Babilônia.

Não obstante, o deus de Isaac recusaria a continuação da Sua "aliança" a Esaú, o primogênito de Isaac, porque, por seu livre-arbítrio, Esaú não se importou com o princípio da primogenitura (notemos que ele mesmo, em suas aparições, proclama-se, inicialmente, como "o Deus de Abraão" e, após, como o "Deus de Isaac"), que vigorava desde os tempos totêmicos, quando o patriarcado substituíra o matriarcado, como forma de organização social.

Retornando ao mito de Esaú, vemos que, desprezando a linhagem genética de Abraão, Esaú não cogitará manter a sua descendência dentro do clã abraâmico:

> Noé...→Taré €? →Abraão € Sarai →Isaac € Rebeca →
> Jacó € Raquel →Povo do Êxodo.

---

[105] Encontramos, nessas profecias, as motivações para a adoção do monoteísmo, que em breve será imposto pelo Templo de Jerusalém.

[106] Novamente, nos deparamos com a questão da pureza racial. O argumento bíblico, de fato, era a pureza quanto à descendência de Noé, que fora o abençoado pelo Deus de Abraão, quando do dilúvio universal. Tendo em vista o que hoje conhecemos sobre a redação do Livro do Gênesis, poderemos pensar que, de fato, tratava-se da proteção das origens abraâmicas dos sacerdotes do Templo de Jerusalém reconstruído após 527 a.C. Isso se torna claro quando consideramos o Livro de Ezequiel, 33:23-33, que é o significado da profecia.

Torna-se relevante observar que as intervenções do "Deus de Abraão" estão intrinsecamente ligadas ao cuidado da conservação da pureza genética (consideremos o mito de Sodoma e Gomorra, após a destruição da cidade, e a "lavagem da face da terra", da consorte de Lot). E ressaltemos: pela constituição mítica desse relato bíblico, concluiremos que essa seria uma postura dos sacerdotes-redatores do Pentateuco, únicas vozes que ressoam nesses escritos.

Nos relatos bíblicos sobre as aparições do Deus de Abraão e Isaac, nada é mais contundente que a continuada reafirmação das suas propriedades como "fecundador": estão aí reiteradas as fecundações de Sarai, Rebeca e Raquel (todas elas inicialmente estéreis, segundo as tradições bíblicas). essa insistência parece indicar que a intenção dos redatores do "Livro do Gênesis" era a de ressaltar a origem, divinamente abençoada, daquele clã (origem essa várias vezes reiterada), bem como ressaltar a predestinação dos povos árabe e hebreu, para a história da humanidade no Ocidente e no Oriente Médio.

Não temos a intenção de discutir esses conteúdos bíblicos de um ponto de vista teológico. Contudo, também não podemos deixar de reconhecer o viés literário introduzido pelos seus redatores, principalmente quanto às propriedades dos deuses uranianos, que são transferidas ao "Deus de Abraão e Isaac".

Não menos marcante é a insistência na valorização de uma organização social de origem nitidamente totêmica para a descendência abraâmica: não seriam as heranças arquetípicas que determinariam os valores morais daqueles protagonistas, mas sua herança genética. Contudo, o comportamento pouco resiliente de Esaú seria entendido como um caso do predomínio do instinto sobre a razão, o que, no fundo, seria um traço cultural.

Voltando a insistir sobre duas assertiva anteriores: a origem uraniana das crenças abraâmicas e a organização social totêmica. Sentimo-las validadas pelo próprio relato bíblico, que a própria parentela de Abraão, permanecendo residente em Harã desde após a morte de Taré, havia abandonado o culto monolátrico uraniano, como é registrado na Bíblia (Gênesis, 31:19-55).

Como visto anteriormente, as deidades secundárias, derivadas das uranianas, demonstravam uma dinâmica peculiar, de mais simples entendimento e de propriedades mais objetivas, facilmente assimiláveis pelo misticismo primitivo. Tal misticismo também se consubstanciava na adoração de ídolos protetores dos lares, sobre os quais falamos no capítulo em que tratamos do PENSAMENTO MÁGICO. Essas circunstâncias são reafirmadas pelo relato bíblico, quando Raquel subtrai ao seu pai um conjunto daquelas pequenas esculturas, fato que leva Labão a perseguir Jacó para reavê-las — não quaisquer valores materiais, como rebanhos ou joias, mas os pequenos ídolos, considerados protetores (Gênesis, 31:19-55). Reafirma-se, desse modo, que o clã de Abraão era um dos poucos que permanecera monolátricos. Portanto, seria sobre os valores culturais desse clã que, necessariamente, seriam compostos os novos valores éticos e morais a serem forjados pelo monoteísmo.

VII-4 – José, no Egito: um mito supérfluo!

O mito de "José no Egito", a nosso ver, é supérfluo na narração do Gênesis. Não obstante, é gerador de forte impacto emocional nos seus leitores. Tal impacto poderia levar à leitura do "Êxodo" como um relato histórico muito plausível, reforçando os seus efeitos de controle social, o que, realmente, ele pretende.

A estória de José no Egito é apresentada como estória pessoal, dramática, projetando-se com inusitado conteúdo moral, muito plausível nos quadros culturais da época em que é situado (ver: Gênesis, 37).

De fato, essa narração aparece como se fora um "fio condutor" ligando uma saga de identidade nacional a uma outra, na qual se destaca a intencionalidade de uma divindade que se arvora ser a única e principal no panteão politeísta desse povo pré-israelita, quando ainda vivendo no Egito.

Esse povo é apresentado como sofredor e escravizado (ver: Êxodo, capítulo 1 e seguintes). No entanto, quando calculamos a sua taxa de crescimento vegetativo, durante os mais de quatro séculos de presença no Egito, constatamos que teria sido possível o seu desenvolvimento populacional, a taxas típicas de uma população livre e bem adaptada. Essa, de fato, seria uma imagem mais condizente com os registros bíblicos, que tomamos como se reais fossem, para o seu desenvolvimento no delta do rio Nilo, durante a Idade do Bronze.

Por outro lado, também conhecemos os registros sacerdotais israelitas sobre o exílio na Babilônia: o dito exílio foi referido como "a escravidão na Babilônia", quando o tratamento real recebido pelos israelitas estava longe de ser aproximado a uma servidão escravagista, tal como hoje a conhecemos.

Por tudo isso, será mais realista tratarmos esse episódio do Êxodo como sendo o da migração dos 12 filhos de Jacó e suas respectivas famílias (que a tradição oral judaica fixaria como as "12 tribos fundacionais de Israel"). Notemos que José, que já se encontrava no Egito, aparece como o 12º filho, muito embora não possa ser apontado como um dos patriarcas formadores da nacionalidade israelita. Um arranjo circunstancial, naquele sentido, será realizado por meio dos dois filhos de José.

Houve, no passado distante, migrações de povos semíticos para o vale do rio Nilo. Dessas migrações, aquela dos povos Hicsos, por volta do fim do 2º milênio a.C., foi muito importante para a história do povo egípcio, porquanto originou a XVII dinastia faraônica, por volta do 15º século a.C.

Nesse período, notadamente, ocorreu a ocupação e colonização do delta do rio Nilo, com a poderosa ação das potencialidades tecnológicas que emergiam desse povo pré-israelita.

Pensamos que parte das tradições orais ligadas a esses acontecimentos foram apropriadas pelos sacerdotes do Templo de Jerusalém (durante o fim do séc. 5º a.C.) compondo a mitologia do "Gênesis" e do "Êxodo", nas quais o discurso sacerdotal é evidente: procura apresentar o povo hebreu como objeto de uma "escravidão expiatória" pelo seu afastamento do "Deus único e verdadeiro, Yahweh, que protegia esse povo desde o tempo do patriarca Abraão". Era o monoteísmo javista, gerado na ideologia do Templo, em consequência das teologias incorporadas pelos sacerdotes exilados na Babilônia, durante o pós-exílio.

Consideramos ser o mito de "José no Egito" perfeitamente dispensável para a apresentação do mito de Jacó e as 12 tribos de Israel. No entanto, esse relato tange as cordas dos sentimentos, realçando os sentimentos de fraternidade familiar, contra sentimentos de inveja e impiedade, podendo coexistir dentro de um mesmo grupo humano.

Essa narrativa foi aí colocada ressaltando a continuidade de um planejamento sacerdotal, o qual apresentaria Yahweh já conduzindo a história hebraica, desde os tempos da "Aliança com Abraão". O Livro do Gênesis nos informa que, entre os filhos de Jacó, o penúltimo da sua velhice fora José. Quando ainda muito jovem — e por uma ação invejosa dos seus irmãos mais velhos (é a própria Bíblia que no-lo informa, enfatizando tal sentimento!) — foi vendido como escravo a mercadores que transitavam naquele local e momento, o que propiciou a ação.

156

Contudo, a narração bíblica não esconde as suas intenções religiosas, mesmo ao discorrer sobre uma ação amoral e fratricida, por demais violenta insana. A narração não pode nos convencer de que a ação fora gerada apenas por uma inveja entre irmãos: ela é, formalmente, homicida! Nas circunstâncias familiares em que é colocada, torna-se flagrantemente irreal e, portanto, nem mesmo traduz uma oralidade mítica: terá sido gerada por uma personalidade sociopática!

As manifestações sobrenaturais ocorrendo com José teriam despertado os sentimentos controversos dos seus irmãos. Caberia, portanto, uma observação pertinente: como, em meio cultural politeísta e pejado de manifestações hierofânticas, seriam ignoradas as manifestações em José? Naquele caldo cultural, seria o caso de José ser admirado, e não odiado! Será esse, seguramente, um indicador de que estamos diante de uma lenda mal-urdida.

Aqueles mercadores teriam revendido José a Putifar, oficial egípcio, influente politicamente entre os dirigentes de origem semita, portanto, em posição conveniente para a feliz continuidade do relato lendário. A história de vida de José, suas qualidades psíquicas e sua ascensão ao governo do Egito encontram-se descritas em Gênesis, 41:37-50.

Para os nossos propósitos, há que ressaltar que José fora o primogênito de Raquel, que fora estéril até a velhice de Jacó. Vale dizer, novamente se manifestava, aí, o deus de Jacó, como o "fecundador", tal como ocorrera com as fecundações a partir do seu avô, e do seu pai, Isaac. São estas marcas inequívocas de um relato sacerdotal, visando a um certo controle social; e inventado a partir do século 5º a.C.

A ida de José para o Egito se dá em torno do tempo de domínio do povo Hicso (povo também semita); é possível que tal ação tenha sido projetada para a época de vigência da XVII dinastia (em torno de 1570 a.C.).

Percebidas as suas qualidades psíquicas, José teria sido feito governador no Egito, quando ocorreu a terrível seca de sete anos, assolando todo o Norte da África e do Oriente Médio, causando fome e desespero entre os povos. Contudo, o Egito — graças ao regime hídrico do seu rio Nilo — continuara próspero e atraindo os povos flagelados. Esses acolhimentos puderam se realizar (segundo os registros bíblicos) graças às premonições de José, aliadas à sua sábia administração dos negócios de Estado do Egito.

Foi durante os primeiros anos dessa seca que o clã de Jacó se deslocou para o Egito, dentro de um êxodo generalizado. O registro bíblico informa que Jacó e seus descendentes somavam cerca de 70 pessoas; mas, se considerarmos os escravos e serviçais empregados para cuidar dos rebanhos desse clã, teria sido uma pequena população (provavelmente, cerca de 90 pessoas) que se deslocara para aquelas novas paragens.

Durante quase um século (José morreu com mais de 110 anos), os hebreus prosperaram e se multiplicaram, formando uma parcela importante da população ativa local. Em especial, parece a muitos historiadores que o delta do rio Nilo foi colonizado pelos hebreus, os quais também introduziram importantes atividades industriais, como a fabricação de carros de guerra, tornando o exército egípcio poderoso e conquistador.

Para os governantes que sucederam aos faraós do tempo de José, e ao próprio José (fim do domínio Hicso), a expansão hebreia poderia, de fato, ter-se tornado em problema estratégico. Se, por um lado, tornara-se muito grande a sua importância econômica para o Egito; por outro lado, a sua autossegregação étnica, cultural e religiosa[107]colocava-a em posição de continuada suspeição, em um tempo em que as guerras entre os povos, e as consequentes invasões, eram constantes; as dúvidas dos dirigentes egípcios se resumiam a duas questões: a) como se comportariam os hebreus face a eventuais inimigos dos egípcios? b) no caso de eventuais invasões, seriam eles aliados egípcios ou inimigos internos?

Esses questionamentos, e a ausência de estadistas do nível de José, levou-os à adoção de políticas públicas segregacionistas, tornando a vida dos hebreus mais dificultosa.

Todavia, tal viver levou os hebreus a se voltarem para as antigas promessas abraâmicas. Compreenderam, pois, que era chegado o tempo de uma próxima migração, retornando às Terras de Canaã.

No entanto, os governantes egípcios compreendiam a importância dos hebreus para a economia interna, o que não era desprezível. Portanto, as autoridades locais não permitiriam a sua migração em bloco.

Os hebreus haviam permanecido no Egito por 430 anos. Quando deixaram o Egito, constituíam-se em uma população de cerca de 600 mil homens, sem contarmos as mulheres e crianças, além de seus escravos, seus rebanhos e seus haveres em joias e metais preciosos. Em suma, era uma população de cerca de um milhão de indivíduos, com seus bens e haveres, que deixava o Egito (Êxodo, 12:37-43).

---

[107] Lembremos que, ainda, não havia um corpo doutrinário definindo o monoteísmo hebreu, mas havia a prática da circuncisão masculina. Que os diferenciava de todos os demais. A autossegregação étnica-cultural das populações judias de nossa atualidade sempre se tem constituído em fator gerador de preconceitos.

VII-5 – O Êxodo: uma apreciação do relato bíblico

Os exegetas atuais têm considerado o "Livro do Êxodo" como um documento sacerdotal, redigido no Templo de Jerusalém. Isso quereria dizer que esse documento fora redigido após o breve — e ainda pouco conhecido — reinado de Zorobabel, em Judá, por volta do ano 497 a.C.

Com o desaparecimento de Zorobabel — o rei desaparecido misteriosamente —, situa-se o início da implantação do monoteísmo javista, no reino de Judá. A consequência imediata desse acontecimento foi a implantação de uma teocracia sacerdotal naquele reino da Terra de Canaã. Hipoteticamente, a redação do "Livro do Êxodo", tal como hoje o conhecemos, teria sido o ferramental utilizado pelos membros daquela teocracia para exercerem o seu controle social sobre a população abraãmita daquele reino.

Em favor dessa hipótese, argumenta-se com o Livro de Amós, o qual é tido como o mais antigo dos documentos geradores da Bíblia Hebraica (século 8º a.C.). em seu capítulo 8, versículo 7, o profeta Amós apresenta a sua visão de Yahweh, quando este lhe falava:

> Acaso não sois vós, para mim, ó filhos de Israel, como os couschitas? Se tirei Israel do Egito, não tirei também os filisteus de Cafitor, e os sírios de Quir?

Essa passagem de Amós foi considerada como uma indicação de que o "Livro do Êxodo" não é uma alegoria, mas a fixação de uma oralidade rememorando um dado movimento populacional do passado, do qual povos hebreus, etíopes e sírios também participaram.

Contudo, continuemos lendo os oráculos de Amós, no seu capítulo 2, versículo 10, quando o mesmo Yahweh declara:

> [...] fui eu que vos tirei do Egito, e vos conduzi através do deserto durante quarenta anos, para vos dar a posse das terras dos amoreus;

Ao contrário do oráculo anterior, esse é bem mais explícito, e nos autoriza apensar na hipótese de um movimento populacional de grande fôlego, através do deserto. Esses movimentos são respaldados por dois registros arqueológicos, ambos da máxima importância: a) o Livro de Antoá, encontrado no túmulo de Tutmés III; e b) a estela de Amenhotep, no Museu Nacional do Cairo. Voltaremos a analisar esses documentos mais adiante, em momento adequado.

Em contextos religiosos, o "Livro do Êxodo" assinala a origem do povo israelita, a partir das suas raízes mais antigas. Ali foi construído um relato buscando uma tradição remontando a Noé: Jacó é o herói nacional; Moisés será o instrumento que, agindo por inspiração da divindade — Yahweh, a qual pretende se tornar em deus único, a partir desse povo —, manifesta-se ao seu instrumento por meio da *sarça ardente*", no Monte Horeb.

Contudo, desde o século 17 d.C., numerosos exegetas informaram, radicalmente, essa tradição. O Iluminismo, posterior, também pôs em dúvida a própria realidade histórica daquele deslocamento populacional hebraico: considerou-o mítico. Como mítica foi considerada, também, a figura de Moisés.

De fato, até o presente, não há registros arqueológicos, ou documentais, confirmando diretamente um tão importante deslocamento populacional. Contudo, algum confronto militar tendo ocorrido entre o Egito Antigo e a "Terra de Canaã", por volta da Idade do Bronze Média, nos leva a reconsiderar, atentamente, os trabalhos exegéticos do século 18 d.C.

Referências a um povo (muito provavelmente, os israelitas) da Terra de Canaã são encontradas na estela do faraó Merneptá, depositada no Museu Nacional do Cairo. Registra a estela que esse faraó, reinando entre 1236 e 1223 a.C., combateu e impôs tributo sobre "israeli", na Terra de Canaã. Por outro lado, no Vale dos Reis, Egito, no túmulo do faraó Tutmés III (reinando entre 1475 e 1425 a.C.), são encontrados indícios importantes — e fortemente indicativos — de um histórico e possível confronto, tal como o narrado, alegoricamente, no "Livro do Êxodo".

Vejamos isso com mais detalhes: Tutmés III sucedeu à sua madrasta (e esposa de Tutmés II), *Hatshepsut*; provavelmente, ela foi a única mulher a se tornar faraó, no Egito, durante a Idade do Bronze. Em uma das paredes da câmara sepulcral do faraó Tutmés III[108], se encontra gravado o habitual "Livro dos Mortos" (no caso, o dito "Livro de Antoá"), porém redigido com orações incomuns, e únicas, como registro de eventual (mas intencionalmente disfarçado!) desastre militar:

---

[108] Hatshepsut era filha do faraó Tutmósis I. Supõe-se ter sido ela a "mãe de criação" de Moisés (em 1485 a.C., aproximadamente). Foi irmã e esposa de Tutmósis II; com a morte deste, sucedeu-o e governou como tutora de Tutmés III, de 1481 a 1475 a.C. Tutmés III nasceu em 1484 a.C. Julga-se que Tutmés III tenha morrido afogado, no Mar Vermelho, com o seu exército, quando da mítica passagem dos hebreus naquele mar, tendo em vista a invulgar inscrição do "Livro dos Mortos" (10ª estação) em sua tumba. Segundo suas estátuas, era um homem de porte atlético e alto. Ao morrer, ele estava com cerca de 59 anos, mas a múmia encontrada em seu túmulo era de um homem com cerca de 25 anos e de baixa estatura. Supõe-se que, não tendo sido encontrado o seu corpo, os sacerdotes forjaram o seu funeral com outro corpo, de modo a não revelar publicamente tão nefasta derrota do seu poder militar.

> Orações aos mortos afogados em multidão, e cujos corpos não foram recuperados.

Que multidão seria essa, senão um exército, eventualmente comandado, pessoalmente, pelo faraó?

Essa inscrição, aliada à questão levantada pela múmia encontrada como sendo, supostamente, a de Tutmés III (comentado na nota de rodapé n. 108), nos leva a considerar que o episódio do "Mar Vermelho", descrito em Êxodo, 14:1-31, estaria ligado a esse registro.

Mais adiante, comentaremos essa passagem de Êxodo, agora descrita em termos não miraculosos, mas sob a ótica de fenômenos naturais, de vulcanismo submarino, ali ocorrentes com muita intensidade, naquela época.

Neste ponto, cabe uma observação: um relato mítico não é, necessariamente, um relato falso. Antropologicamente, esse relato poderá ter sido uma interpretação de fatos acontecidos (de modo inexplicável, pelos conhecimentos disponíveis no momento em que ocorreram), por outros narradores, com base nos conhecimentos, e interesses, disponíveis na época em que se encontra o narrador.

Aplicando esse entendimento para a narração contida no Livro do Êxodo, deveremos situá-lo (o entendimento, e a narração consequente) no tempo do rei Josias, em Judá (data provável: no século 5º a.C.), época da reforma sacerdotal ocorrida no Templo de Jerusalém.

Em vista do que se apresentou anteriormente, podemos considerar que, embora sendo um relato mítico politicamente elaborado, e com a finalidade da implantação do monoteísmo nas terras judaístas, o Livro do Êxodo se apropria de um movimento populacional hebraico, ocorrido no passado, através do deserto arábico do Sinai, por volta do ano 1425 a.C.

Se aceitarmos ter essa população hebraica permanecido nômade durante 40 anos no deserto — e a ligarmos aos acontecimentos das "Muralhas de Jericó" — teríamos aquele acontecimento ocorrendo (descrito como a tomada de Jericó) após 1385 a.C., o que será plausível. Se considerarmos, agora, a citação da estela de Merneptá, concluiremos que, após cerca de 10 anos de Jericó, o povo hebreu, do Êxodo, estaria civilmente organizado como o povo israelita, o que é bem conforme às linhas gerais dos relatos bíblicos conhecidos, e hoje tidos como míticos.

Provisoriamente, poderemos dizer: a mitologia bíblica teria sido construída sobre fatos historicamente ocorridos; sobre estes, superpuseram-se mitologias buscando traduzir uma ideia de um deus único, que abria os caminhos do "seu povo", reconquistando-o, porque se tornara politeísta.

Examinemos, agora, as eventuais razões históricas para a formação, no reino do Egito, de uma população pré-judaica, como aquela tratada no Êxodo:

a. durante a Idade do Bronze (Antiga), o Egito sempre recebeu trânsfugas das calamidades climáticas, seja da própria África do Norte, seja da Palestina, graças à fertilidade proporcionada pelo rio Nilo. nesse contexto, foi colonizado o Delta do Nilo (século 17 a.C.), com a participação de migrantes semitas, entre os quais se tornou mítica a presença do clã de Jacó, tornado em neto mítico de Abraão, outra personalidade mítica na História das Civilizações;

b. a Palestina é região semiárida, com precipitações anuais entre 100 e 400 mm de chuvas. Nos períodos de baixas precipitações (que, secularmente, podem se estender por vários anos), é estabelecido estado de penúria, levando às migrações; como podemos ver em LIVERANI.[109]

c. nesse último contexto, situamos a migração do clã de Jacó. Poderemos questionar:

1. como evoluiria uma população de hebreus participando dessa migração inicial e, quatro séculos e meio após, como estaria? Partiremos do clã de Jacó, seus filhos, e respectivas consortes, netos e agregados (inclusive escravos); contaríamos com cerca de 70 pessoas; uma tal população, no decurso de 450 anos, a uma taxa de crescimento vegetativa de 2 a 2,5% ao ano (uma taxa atual, para o Brasil dos anos 1970), resultaria em cerca de 650 mil indivíduos. Essa seria, pois, a população hebreia, no momento em que Moisés os conduziu para o deserto. Essa evolução nos dirá que as condições socioeconômicas dessa população são compatíveis com o crescimento dentro de uma classe dominante, em dada sociedade humana. Podemos crer que a dita "escravidão do povo hebreu" foi mera retórica sacerdotal, na adaptação para o mito, de um acontecimento fático apresentado no Livro do Êxodo.

2. essa população, forçosamente, seria politeísta, posto ter vivido por mais de quatro séculos entre povos politeístas. E mais: entre os egípcios, esse povo hebreu perdeu o seu caráter nômade,

---

[109] LIVERANI, Mario. *Para além da Bíblia*: história antiga de Israel. São Paulo: Edições Loyola, 2008, *passim*; em especial, p. 27-52.

tornando-se sedentário. Dessa forma, entre eles, se houvesse a lembrança cúltica de um Yahweh avoengo, seria lembrança tênue e esgarçada.

Comentemos, agora, a questão da permissão de saída do Egito daquela população hebraica. De fato, a perda súbita de uma população ativa, do porte que era sugerido naquele relato, poderia indicar aos demais povos vizinhos uma fraqueza momentânea, a qual ensejaria movimentos de agressão para saques eventuais. Vivia-se uma época durante a qual as invasões e pilhagens eram correntes, bastando haver sinais de fraqueza evidente, emitida por um dado povo. Compreender-se-á, pois, as reticências faraônicas àquele êxodo, o que é tratado, no texto bíblico, com relatos de magias recorrentes. Desses relatos, poderemos inferir que tanto Moisés quanto o seu irmão, Aarão, teriam sido dotados de qualidades de magos. Mais adiante, veremos que Moisés era, também, um artífice metalúrgico, o que é declarado no próprio texto bíblico.

Outro importante aspecto do relato mítico é a travessia pelo deserto, além da permanência, por quarenta anos, daquela população:

1. ao deixar o Egito, àquela população deveríamos acrescentar os seus escravos (porque a escravidão era uma necessidade das classes dominantes: veremos que Moisés legislará sobre a escravidão entre os hebreus (Êxodo, 21:1-11), de forma que o número final dessa população deveria ser superior a 800.000 pessoas;

2. à população anteriormente estimada, deveríamos acrescentar seus rebanhos e demais haveres. Podemos imaginar qual seria o desastre econômico, para o Egito, se tal população e bens materiais deixassem o país, em um dado momento. Torna-se evidente que os administradores egípcios não poderiam permitir tal evasão. E, se o permitissem, que desastre seria, para as cidades existentes na rota entre o Egito e a Terra de Canaã, ao serem atravessadas por tal população!

Considerando a importância socioeconômica dessa população, e tendo presentes os costumes bélicos dos povos do período do bronze, entenderemos o porquê do "endurecimento do coração" do faraó, tal como relatado no texto do "Êxodo".

Para evitar confrontos bélicos com as populações vivendo nas rotas habitualmente praticadas, optou-se por atravessar o deserto arábico, em direção ao Mar Vermelho; fariam-no à altura do Golfo de Suez. Utilizar-se-iam de uma das rotas de travessia praticadas pelas tribos edomitas, nômades, que acessavam o Egito para o seu comércio. A travessia se realizaria com o auxílio de carroças. Portanto, é compreensível a decisão de Moisés, de mais facilmente seguirem passando pelo oásis que, na Bíblia, foi denominado de *Marga*.

Atingiriam o Mar Vermelho, na margem oposta desse deserto, mas em frente às elevações do Maciço do Sinai; estariam, então, marchando sobre as falésias locais; daí, infletiriam para o Norte, em direção às margens do Golfo de Suez, as quais se abririam para a "Terra da Promissão", que seria alcançada após palmilharem o deserto do Sinai.

Compreender-se-á a interdição egípcia à saída de tal população, transportando todos os seus bens e valores. Nessa época, essa população poderia representar cerca de 8 a 12% dos valores tangíveis do Egito, o que seria perda nacional não desprezível. Por outro lado, torna-se inteligível a decisão do faraó, ao concordar com a partida dessa população; e, logo após, decidir-se a atacá-la, com o seu exército. Era algo muito lógico, para a cultura daquele tempo, porque:

3. "O povo que deixara o Egito não era mais um povo amigo". Deixá-lo atravessar o deserto o esgotaria. Alcançando-os às margens do Mar Vermelho, pouca resistência ofereceriam; o exército egípcio mataria os homens válidos, e aprisionaria mulheres, crianças e serviçais, que se tornariam escravos do Egito; todos os seus bens e haveres se tornariam em butim de guerra; voltariam à posse do Egito.

Era, pois, um planejamento estratégico, muito conveniente para o Egito. Suas tropas, descansadas e com carros de guerra, interceptariam os hebreus nas proximidades da atual cidade de Suez, nas praias que se seguiam às falésias de onde viriam os hebreus. Encontravam-se a cerca de 200 km da costa mediterrânea, e na extremidade Norte do Mar Vermelho. A estratégia militar era muito eficaz: os hebreus seriam cercados entre o mar e as falésias. Não havia como escaparem!

4. o relato bíblico cria o mito do milagre da travessia do povo hebreu, por dentro das águas do mar, "que se abrem, deixando o povo atravessá-la, ao seco, mas submergindo as tropas egípcias, que os perseguiam".

Por que tal mito foi construído? O que teria acontecido, realmente, causando o desbaratamento do exército egípcio? Lembremos que um mito não é "uma invencionice mentirosamente deslavada". Ele é, antes,

HOMO CREATOR: PENSANDO UM MUNDO EMERGENTE — UMA HISTÓRIA

"uma interpretação de acontecimentos, segundo uma visão de mundo corrente e compreensível, pelas gentes vivendo no tempo em que o mito é criado!".

Retornemos aos textos bíblicos:

5. a travessia do Mar Vermelho (Êxodo, 14:15-26) — esse foi um acontecimento totalmente fabuloso: jamais ocorreu! Mas é plausível ter havido um acontecimento inusitado, militarmente real, de difícil compreensão para a época, e de cuja memória oral originou-se o mito da abertura do mar e a travessia do povo hebreu; bem como o subsequente aniquilamento do exército do faraó.

E, de fato, há um registro da morte de um faraó e seus soldados, "afogados em multidão" (não é dito que tenha sido no Mar Vermelho, mas o Livro de Antoá, no túmulo de Tutmés III, o indica!). Haveria uma outra explicação lógica para o desastre aqui certificado?

Tentemos uma explicação possível.

Ainda em Êxodo,13:21-22 lemos:

> O Senhor ia adiante deles, de dia numa coluna de nuvens para os guiar pelo caminho, e de noite numa coluna de fogo para os alumiar; de sorte que podiam marchar de dia e de noite; nunca a coluna de nuvem deixou de preceder o povo, durante o dia, nem a coluna de fogo durante a noite.

Seria esse o relato de outro milagre fabuloso? Não! O afirmaremos categoricamente. Esse terá sido o relato de um acontecimento real — mas incompreensível naquele momento, portanto, narrado fabulosamente!

Consideremos a figura 7.4, a seguir. Ela registra uma erupção submarina, atual, no Golfo Arábico: uma coluna de vapores durante o dia, mas intensamente luminosa à noite!

O Golfo do Mar Vermelho bem como o Golfo Arábico originaram-se de falhas geológicas, estão situados sobre as bordas das placas continentais Eurasiana e Africana, que se superpõem. São zonas de intenso vulcanismo submarino, no passado, mas ainda ocorrendo em nossa atualidade. As ocorrências são muito menos violentas hoje do que outrora, há dois mil e quinhentos anos.

É muito provável que se tenha registrado nessas passagens do Êxodo a tradição oral de um tal acontecimento, o qual terá sido pouco duradouro, mas cataclísmico, em seu final: será lícito pensarmos na hipótese de um "tsunâmi" (um maremoto) final, surpreendendo e devastando as tropas do faraó, enquanto os hebreus estavam, ainda, sobre as falésias. Teria havido uma inversão temporal nos relatos: houve a devastação do exército egípcio e, após, a passagem do povo hebreu — não atravessando o Mar Vermelho, mas perlongando as suas margens, e contornando o Golfo, em direção ao Monte Sinai. O acontecimento — então inexplicável — foi incorporado à tradição oral, como uma "intervenção de Yahweh".

Figura 7.4 – Erupção vulcânica submarina no Mar Vermelho. fenômeno comum, ocorrendo na superposição das placas tectônicas Africana e Asiática. Erupção registrada em 10 de dezembro de 2012

Se pensarmos em termos de estratégia militar, perceberemos que o povo israelita, ao se aproximar do Mar Vermelho, acampara sobre as falésias que o margeiam. Por outro lado, os egípcios sabiam que os hebreus subiriam em direção Norte, ao longo do Golfo de Suez. Acamparam, portanto, nas praias daquele Golfo, cortando a passagem daquele povo caminhante. Tomemos, como hipótese, que a "coluna de nuvens e fogo que iluminava a noite" em realidade seria o início de uma erupção vulcânica submarina; esse fenômeno teria iniciado recentemente, mas cujo paroxismo ocorreria durante o período de estacionamento das tropas egípcias. O paroxismo da erupção teria causado, em dado momento, um "tsunâmi"

HOMO CREATOR: PENSANDO UM MUNDO EMERGENTE — UMA HISTÓRIA

inesperado, o qual teria devastado o exército egípcio, surpreendido em seu acantonamento, ali perecendo o próprio Tutmés III, cujo corpo jamais teria sido recuperado.

A fotografia anterior, tomada em uma recente erupção próximo à costa do Iêmen, em 10 de dezembro de 2012, ilustra a possibilidade do acontecimento que, 3.000 anos antes de nossa época, teria um caráter assustador e sobrenatural — mesmo milagroso, naquelas circunstâncias!

Não haveria dificuldades em afirmarmos que Moisés seguiu ao longo do Golfo de Suez, contornando-o e retornando ao Maciço do Sinai. Não havia intenções de atravessar aquele mar, mesmo porque não estavam disponíveis embarcações capazes de atender àquela população.

Alega-se a ausência de quaisquer registros arqueológicos, até a data atual, da passagem de tal número de pessoas por aqueles desertos. Como também não há registros — arqueológicos ou orais — sobre a devastação dos exércitos egípcios. Contudo, essa ausência de informações deve ser relativizada, porque:

a. os fenômenos sísmicos no Mar Vermelho e no Golfo Arábico teriam sido frequentes e intensos no passado, mais do que agora, embora não tenhamos registros deles; contudo, em vista da própria origem geológica daquelas duas — e contíguas — fossas tectônicas.[110] Mas temos registros atuais, muito expressivos, desses fenômenos; é certo, pois, considerá-los ocorrendo, muito intensamente, no passado agora considerado;

b. quanto às evidências arqueológicas sobre o povo hebreu no deserto: era um povo nômade em deslocamento constante; não deixariam marcas permanentes de sua passagem; algum objeto utilitário, eventualmente deixado, teria sido encontrado e recolhido por outros nômades passantes, ao longo desses séculos;

c. por fim, um argumento mais consistente; vestígios arqueológicos do exército desbaratado! Estes, de fato, deveriam ser inúmeros, caso tivesse havido uma perseguição, mar adentro... Mas esse

---

[110] Em 11 de março de 2011, na costa Noroeste do Japão, um maremoto causado por um abalo sísmico submarino destruiu parte da cidade de Fukushima, causando enormes danos à usina atômica de mesmo nome. Podemos imaginar a violência e a capacidade de devastação, subitamente realizada pelo maremoto. Quanto às provas arqueológicas dos despojos do exército egípcio, dificilmente seriam encontradas sob as águas do golfo: a destruição se passou em terra firme, e os despojos mais pesados (carros e armas) permaneceram em terra, embora corpos e outros objetos leves possam ter sido carreados ao mar. Quanto ao registro do acontecimento em estelas, não se pense que os egípcios registrariam, *ad æternum*, as suas derrotas...

teria sido um acontecimento miraculoso, contrariando todas as leis naturais... jamais ocorreu! Por outro lado, a devastação devido a um maremoto inesperado é plausível. E, nesse caso, os restos materiais do desastre — armas, carros e outros equipamentos — teriam permanecido ao longo das praias... teriam sido recolhidos pelos próprios egípcios, ao procederem ao rescaldo do desastre. E que tal desastre ocorreu não podem restar dúvidas!: os registros da 10ª estação do Livro dos Mortos, na tumba de Tutmés III, o indicam categoricamente... É pela sua crença em uma vida após a morte que podemos inferir tal desastre! Os egípcios — tais como qualquer um de nós — não imortalizariam em qualquer estela a sua derrota!

Finalmente, cabe observar que, independentemente dos relatos religiosos, fabulosos, e intencionalmente concebidos, é a narrativa do surgimento de nacionalidades que, após 3.000 anos, se mostram resilientes e íntegras, apesar de todas as formas de ataques preconceituosos sofridos ao longo das suas trajetórias históricas.

E não há como separar da saga dessa nacionalidade judaica nascente os relatos religiosos — flagrantemente míticos — sobre os acontecimentos do Monte Sinai: a codificação moral e a explicitação litúrgica de um monoteísmo que se deseja ver implantado desnuda as verdadeiras intenções políticas do grupo sacerdotal redigindo o Livro do Êxodo, em torno do século 5º a.C.

VII-6 – O povo hebreu no relato do mito

O Livro do Êxodo nos informa sobre a origem de Moisés: um hebreu, nascido no clã de Levi (Êxodo, 2:1-19). Construído o mito da sua adoção pela jovem Hatshepsut, filha do faraó que então governava o Egito (Tutmés I, cerca de 1494-1482 a.C.). ela mesma se tornará a faraó que governará o Egito até a sua morte, em aproximadamente1470 a.C.

Dessa forma, o mito nos diz que Moisés teria sido criado e educado como um nobre egípcio, a partir do ano de 1485 a.C. Aceitemo-lo, provisoriamente, mesmo porque identificamos nesse mito uma repetição do mito do nascimento de Sargão I, da Acádia (aproximadamente 3000 a.C.), e ainda muito presente na Babilônia da época do exílio dos israelitas.

HOMO CREATOR: PENSANDO UM MUNDO EMERGENTE — UMA HISTÓRIA

Também em Êxodo, 2:11-15, ficamos sabendo que Moisés, tendo "assassinado um popular egípcio", em circunstâncias pouco compreensíveis[111], se refugiara nas terras de Madiam, que, hoje, pertencem à Jordânia.[112] Ali, se casará com a filha de um sacerdote cujo nome era Jetro (cujo deus não é citado, mas provavelmente um deus de um culto politeísta e pré-árabe, em cujo panteão também figuraria Yahweh, um deus secundário, de origem tribal pré-árabe).

Há aconselhamentos que Jetro dará a Moisés — e que serão integral-mente aceitos — para a organização do povo hebreu, como veremos adiante. Moisés gerará filhos com sua esposa, o primogênito tendo sido chamado Gerson. Moisés só retornará ao Egito em idade madura, e por determinação do deus manifestado no Monte Horeb (não é esclarecido qual seria a crença em que Moisés fora educado).

Citam os textos bíblicos que, estando Moisés pastoreando nas proxi-midades do Monte Horeb, teve a sua primeira experiência mística: a visão do deus de Abraão, de Isaac e de Jacó. o "anjo do Senhor" apareceu-lhe em uma chama de fogo do meio de uma sarça (folhagem arbustiva da região) a qual não era consumida pela combustão (Êxodo, 3:2).

Moisés dialoga com aquela aparição que, de início, se apresenta impositiva e severa. "Tira as sandálias dos teus pés, porque o lugar em que te encontras é uma terra santa" — diz a aparição. "Eu sou o Deus de teu pai, o Deus de Abraão, o Deus de Isaac, e o Deus de Jacó" (Êxodo, 3:6).

Moisés dialoga longamente com aquele deus, o qual, manifestando-se na *sarça que ardia sem se consumir*, lhe diz: "Eu sou aquele que é!". Por que uma tal autodefinição? Esse deus, que então se dizia como o *Inominado*, finalmente revela o nome pelo qual desejava ser conhecido: **YAHWEH**. Ele é um deus do panteão politeísta das tribos pré-árabes, manifestando-se em localidades do Sul da Terra de Canaã (localidade ocupada pelos nômades pré-árabes). E as autodefinições como "o Inominado", ou "sou o que é" revelam dois aspectos culturais dos povos pré-árabes e egípcio dessa época e local: esse deus não era "todo-poderoso", nem "omnisciente"; ele não revelava o seu nome porque, cria-se, nessa época e na cultura desses povos, que por

---

[111] É muito pouco compreensível: Moisés não era da casta nobre? Se levarmos em conta a transformação do "egípcio" Moisés em condutor do povo hebreu, seremos levados a pensar que o "assassinato" do egípcio terá sido uma crise de consciência, em que ele se reencontra como hebreu.

[112] [112]Esse é um mito malconstruído, porque, sendo parte da nobreza egípcia, não sofreria riscos de tal ordem. Autores existem que, interpretando essa passagem, sugerem que Moisés teria "morto o egípcio que se formara em seu íntimo"; ele se redescobre um israelita e, por isso, se refugia entre os pré-árabes da Terra de Madian, onde viverá a experiência mística do encontro com Yahweh, no Monte Horeb (Êxodo, 3).

meio dos nomes podia-se atingir os nominados, com "feitiços" e "mágicas" específicas; e disso até os deuses se resguardavam... Eles, de fato, eram produtos das culturas locais.

Esse deus revelará, também, que Moisés conduziria os hebreus à "Terra Prometida", a qual Moisés verá daquele monte, mas nela não entraria, porquanto ali viria a falecer (Êxodo, 3:7-15).

Encontramos, nessa narração sacerdotal, os primeiros delineamentos da monolatria, discretamente referida nos textos bíblicos; não como elemento histórico da vida de Moisés, mas pelo enfoque dado pelo narrador do texto, indubitavelmente manifestando ideologia sacerdotal posterior ao século 5º a.C.

Os textos de Êxodo não esclarecem como Moisés reconhecerá a Aarão, como seu irmão, que o secundaria na sua missão. Também não esclarecem como seria reconhecido por esse irmão e pelo povo hebreu, nem como o legítimo organizador e condutor do êxodo, mormente porque seria reconhecido como um representante da nobreza egípcia. Todas essas questões permanecem nas entrelinhas, nas promessas que Yahweh lhe fazia, dizendo que ele seria reconhecido e aceito. Certamente, presidiria, aqui, a personalidade profética de que Moisés seria revestido, traço cultural muito presente, e valorizado, nas tradições dos povos do "Crescente Fértil".

Contudo, fica claro que o deus de Abraão, Isaque, Jacó — e agora de Moisés — se apoia numa linhagem clâmica, originada em Noé, mas destinada a criar a futura nação israelita. E, de fato, encontramos na estela de Merneptá (faraó da XIX dinastia, sucessor e filho de Ramsés II, Museu Nacional do Cairo) uma primeira referência arqueológica a Israel como nação estabelecida territorialmente, e não mais como um grupo nômade, perdido no deserto. Nessa estela, datada de 1235 a.C., na sua 25ª linha, o dito faraó faz citar que, entre os povos combatidos e vencidos, na Terra de Canaã, se encontrava um povo dito "israeli". Essa é a primeira evidência arqueológica, corroborando, além da narração bíblica, que já havia uma comunidade israelita, que se estabelecera como povo, na Terra de Canaã. Essa evidência esclarece, também, que o fato histórico do Êxodo, de fato, ocorrera. Há pelo menos cerca de 300 anos antes de 1235 a.C., porque cita que Israel já se encontrava como um Estado minimamente organizado.

Em Êxodo, 18, é descrito o início da organização social dos hebreus — ainda um povo nômade, no deserto — segundo as 12 tribos clâmicas, originadas nos filhos de Jacó. Tal conhecimento da organização cívica chega a Moisés por meio do aconselhamento de Jetro — seu sogro —, sacerdote de um deus que sequer é nomeado (não obstante, o identificaremos como Yahweh, mas seria ele o próprio Yahweh?). De fato, nesse episódio da organização hebraica, novamente reconhecemos as intenções sacerdotais, para a valorização de Yahweh, desde os primeiros momentos do futuro povo israelita. É inusitado tal episódio, principalmente, porque Moisés, tendo sido educado entre nobres egípcios, teria recebido educação militar, especialmente aquela de organizações grupais para os grandes deslocamentos preparatórios aos combates.

Nesse sentido, o povo hebreu era organizado em decúrias, cinquentúrias e centúrias; cada uma dessas frações recebe um "homem de bem", que a chefiaria e que, ademais, a administrará quanto à justiça e às questões sociais do dia a dia; e, para cada dez centúrias, haverá um responsável. Esses últimos levariam a Moisés o que não pudessem resolver; e Moisés representaria o seu povo diante do seu Deus.

Curiosamente, essa era uma organização militar muito usada pelos povos antigos, e mesmo no exército romano, de onde se tornaram conhecidas entre nós as palavras "decurião" e "centurião".

Yahweh era um deus guerreiro. A organização do povo que o adorava não podia deixar de refletir esse traço do seu caráter: uma típica organização militar, e até hoje presente no Estado de Israel. Parece residir aí o caráter aguerrido e a união herdados do povo hebreu, cuja futura divisão em 12 tribos apenas consagraria a permanência cultural das antigas organizações totêmicas, preservando uma deidade de caráter uraniano (senhor dos exércitos, senhor dos raios e das tempestades, aquele que se apresenta na obscuridade das nuvens tempestuosas), agora manifestada como sendo o próprio Yahweh.

Então, de quando poderemos datar esses acontecimentos, de máxima importância, que foram abordados no Êxodo? Notemos de pronto: tal como descrito na Bíblia, o Êxodo é um acontecimento mítico, miraculoso e irreal; composto como ferramental de dominação política, sacerdotal.

Contudo, os registros arqueológicos na tumba de Tutmés III nos levam à hipótese de um acontecimento histórico real, cuja memória oral teria sido aproveitada pelo escriba do Templo de Jerusalém. Acreditamos que esse deslocamento populacional tenha ocorrido durante o reinado do faraó Tutmés III, portanto, entre 1480 e 1425 a.C.

Retornemos ao Título VII-5. Ali, traçamos a hipótese de que a dita "travessia do Mar Vermelho" tenha sido um mito gerado em vista de um acontecimento inusitado: uma erupção vulcânica, submarina, causadora de um maremoto[113] surpreendendo as tropas egípcias. Para tornar viável tal hipótese, haveria que se ter registrado, arqueologicamente, tal desastre militar, tão importante ele teria sido. Contudo, haveria que se objetar: sabemos que os faraós faziam registrar, em estelas ou outros monumentos, as suas glórias e vitórias, e jamais as suas derrotas.

Não obstante, caso houvesse algum registro desses acontecimentos, trágicos para os egípcios, ele deveria situar-se nos anos em torno de 1425 a.C., data conhecida como a da morte desse faraó. E de fato, examinando os registros tumulares de Tutmés III, no "Vale dos Reis", aí encontramos dois fatos surpreendentes:

a. há o registro, no seu "Livro dos Mortos" (aqui referido como o "Livro de Antoá"), em sua 10ª estação, de uma oração, realizada pelo deus Oros, em intenção dos "inúmeros afogados em multidão" (nesse registro, descritos como "afogados em multidão"). Esses "afogados" seriam soldados, sucumbidos em algum desastroso evento militar (não nomeado aqui), assim como aquele faraó. A oração insinua que — tão grande teria sido a catástrofe — os corpos não puderam ser recuperados para as honras devidas;

b. um segundo ponto, muito importante: o corpo do faraó estaria entre os muitos não recuperados. Realmente, ao examinar a múmia ali depositada, supostamente de Tutmés III, foi verificado tratar-se do corpo de pessoa franzina, com cerca de 25 anos ao morrer. Ora, conforme a estatuária desse faraó, ele era alto e corpulento; além disso, ele estaria com a idade entre 55 e 60 anos, ao morrer.

Como explicar tal ocorrência, de uma troca de corpos do extinto faraó, com o corpo de uma outra pessoa? Conduzimos a hipótese apresentada a seguir:

Como esse acontecimento poderia ser apresentado ao povo egípcio (posto ter sido um desastre militar para o faraó, portanto, nunca citado explicitamente nos seus anais)? Ainda mais, no inusitado caso que examinamos: estava presente a memória de que o desastre se dera em consequência da perseguição

---

[113] Fenômeno hoje muito conhecido como "tsunami" — vocábulo da língua japonesa —, muito usado pela imprensa nacional (como se a língua portuguesa não possuísse um vocábulo próprio ao caso!) ao divulgar acontecimentos trágicos ocorridos em uma usina átomo-elétrica daquele país.

ao grupo de hebreus que abandonara o Egito. Além disso, aquele grupo era capitaneado por pessoa (Moisés?) educada como se fora um egípcio, porque adotado pela anterior Faraó, Hatshepsut, quando ainda era a jovem filha do faraó Tutmés I (entre 1485 e 1480 a.C.). ao povo egípcio, apresentar-se-ia um corpo mumificado, supostamente, o faraó Tutmés III; ao tribunal do deus Ra, apresentar-se-ia o faraó como morto ao realizar relevante serviço ao Egito, perseguindo aqueles que deixaram de pertencer à sociedade egípcia.

É esse um enigma que persistirá. Contudo, por hipótese muito viável, provisoriamente, podemos pensar: Tutmés III foi o faraó contemporâneo à saída dos hebreus que, deixando o Egito, vieram a constituir o povo israelita. Em consequência, teremos uma data referencial para o Êxodo: iniciar-se-ia em torno de 1425a.C. e findaria em cerca de 1385 a.C., com a morte de Moisés, imediatamente antes da tomada de Jericó.

VII-7 – Moisés. O artífice por detrás do mito

Nos dois títulos anteriores, discutimos o mito do Êxodo, e delineamos o mito de Moisés. Porém, em outros textos bíblicos, encontramos referências muito incisivas relativas ao mesmo Moisés. Dessa forma, essa personalidade deixa o mundo mítico, ganhando traços materiais muito precisos, que o inserem definitivamente no mundo profano.

Esse novo Moisés teria sido um artífice, escultor, e um dominador da arte de trabalhar os metais (é importante lembrarmos: estamos, agora, em pleno período cultural do Bronze Médio. Nesse período cultural, um artífice metalúrgico era, também, um mago!). de fato, no Livro dos Números (Nm. 10:1-3), lemos que ele produzirá duas trombetas, em prata, as quais foram incorporadas ao acervo dos objetos do culto sacerdotal; ainda em Números (Nm 21:8-10), Moisés fará uma serpente de bronze, a qual terá o poder de curar aqueles mordidos pelas cobras do deserto da Arábia (cobras da espécie *saraph*, cujo plural se escreve: seraphin, no hebraico antigo).[114]

Encontramos no Livro dos Juízes (17 e 18) referências sobre um sacerdote do templo da tribo de Dam, o qual seria exímio artista escultor de ídolos; esse sacerdote seria filho de Gerson, e neto de Moisés.[115]

---

[114] Essa informação é encontrada na Bíblia Hebraica, cuja tradução para a Bíblia de Jerusalém não foi correta: foi traduzida por SERAFINS, uma categoria teológica de anjos, habitando o Céu monoteísta. Ver o Título VII, na descrição do ídolo de *Nehustan* (ou *Nohestam*).

[115] Se nos reportarmos ao moto de Taré (pai de Abraão), perceberemos que há uma tradição artística na descendência de Noé. Lembremo-nos, também, de que, nos tempos pré-calcolíticos, a capacidade de imaginar e figurar as realidades naturais (principalmente as figuras humanas e animais) era atributo dos magos (ou xamãs). As imagens, gravadas, pintadas ou esculpidas, eram como que amuletos propiciatórios. ver Título III.

Quanto ao ídolo da serpente, temos a informação adicional de que esse ídolo se encontrava no Templo de Jerusalém, onde era cultuado. Reza a tradição bíblica que se tratava do ídolo feito por Moisés e que se encontrava no Templo de Jerusalém até o tempo de Ezequias (rei de Judá).

No Livro II dos Reis (18:1-4), é informado que, no reinado de Ezequias, esse rei inicia uma reforma de cultos: temente a Yahweh, esse rei faz destruir os altares nos "lugares altos"; destrói as estelas de culto (prováveis pórticos de acesso aos mortos, pelas necromantes); destrói o ídolo *Nehuestan*, que fora feito por Moisés (a serpente de bronze, cultuada com aquele nome, Nehustan).

Há, aqui, duas informações relevantes: 1) confirma-se que o povo israelita era politeísta; 2) cultuava-se, entre outros deuses, a serpente de bronze, que fora feita por Moisés. Essa segunda informação nos leva a crer que, de fato, existiu um certo Moisés, artista, metalúrgico e mago popular, cuja existência foi apropriada na criação do mito do Êxodo. Ele deve ter sido personalidade muito respeitada entre os judaístas e israelitas, tanto que seria apropriado pelos sacerdotes do Templo de Jerusalém como figura-âncora na composição alegórico-mítica do "Livro do Êxodo".

Há outra questão importante, ligada à figura de *NEHUSTAN*: era uma de idade representada por uma serpente, mas era uma serpente alada; era dotada de três pares de asas, asas distribuídas ao longo do seu corpo. Naturalmente, o detalhe das asas lhes foi adicionado pela crendice popular, já que essas serpentes eram de uma espécie dita (em hebraico) *SARAPH*, cujo plural era escrito *SERAPHIN*. Essa espécie de serpente havia se especializado em saltar em alturas de cerca de 2 metros; com essa habilidade, atingiam o dorso dos camelos, picando os beduínos. Em razão disso, a crendice popular lhes atribuíra asas.

Nehustan era um detalhe importante, porque voltada à cura de males físicos. Constatamos que essa crendice esteve presente na redação da própria Bíblia; trata-se do registro de uma crença do próprio sumo-sacerdote, ao entrar no *sancia-sanctorum* do templo: Isaías tem uma visão de Yahweh, e descrevendo a sua visão: "Yahweh estava no seu trono, e em torno da sua cabeça voavam três SERAPHIN. O primeiro par de asas cobria a face do Senhor; o segundo par de asas Lhe cobriam os pés; com o terceiro par, a *saraph* voava".

Figura 7.5 – Representação evocativa de Moisés recebendo as Tábuas da Lei

A visão de Isaías (ISAÍAS, 6) confirma a lenda popular sobreas serpentes aladas, ainda presente em Judá, no correr do 5º século a.C. (época da redação sacerdotal do Livro do Êxodo).

Por outro lado, entendemos que, entre os monges/tradutores, para a composição da "Vulgata", e por não terem captado o sentido da palavra *seraphin*, no vocabulário hebraico antigo, imaginaram uma categoria de "anjos" (os Serafins, criados pelo imaginário barroco da Contrarreforma, rechonchudos e louríssimos infantes europeus.

Os Serafins foram criados para voejarem em torno de Yahweh, deidade também adotada pelos cristãos reformados, e por estes denominado Jeová.

Entendamos a interpretação que demos anteriormente — ela é razoavelmente compreensiva quanto aos piedosos monges/tradutores: imersos na cultura do Ocidente, europeu, eles não poderiam aceitar a imagem de "cobras voadoras" (principalmente, porque foram elas as levianas aconselhadoras de Eva!), volitando em torno da cabeça do seu Deus (pois Jeová era, também, o Deus dos católicos romanos). A descrição da visão de Isaías teria sido deturpada por um copista do passado. Urgia corrigi-la: assim, os inocentes anjinhos (os Serafins) seriam os que volitavam em torno de Yahweh! Têm razão os italianos, ao observarem: "Tradutore è traditore!"...

Em Êxodo, 19, registra-se a origem da organização religiosa, moral e ética do pensamento monoteísta hebraico. São registrados o decálogo das leis regulando as obrigações e posturas sociais dos hebreus, bem como dos seus procederes religiosos. As leis sobre os procedimentos nas relações negociais entre os componentes desse povo, e em particular quanto aos direitos dos escravos desse povo.[116]

É esse um caso singular da vida social do povo hebreu daquele tempo. Yahweh é um Deus singular: é um deus guerreiro; é bom, mas também é mau (induz "shalon", mas também dá as desgraças); não é onipresente; não é onisciente; não há o conceito de "satanás", nem de Céu (como Paraíso), nem inferno. Os mortos vão para o "sheol" (local no submundo, onde permanecem os corpos, e o "sopro" de vida retorna a Yahweh (não há o conceito de alma). Todos esses conceitos teologais somente serão incorporados ao monoteísmo com as doutrinas do cristianismo, após o 2º século d.C.

Em seguida, são dadas as instruções de como seriam construídos os locais e os objetos do culto a Yahweh, bem como os procedimentos sacerdotais para o culto devido.[117] Eram instituídos sacerdotes, a Aarão e seus filhos. Ficava, pois, institucionalizada a primeira religião monoteísta na história da humanidade, na qual Yahweh ordenava, definitiva e peremptoriamente:

Não tereis outros deuses diante de mim!

Contudo, há aqui a assinalar, mais uma vez: Yahweh institui, para cultuá-lo, os descendentes diretos de Noé, entre tantos outros... O texto é, sem quaisquer dúvidas, de origem sacerdotal, porque autovalorativo do grupo sacerdotal, através da descendência da tribo de Levi, cuja exclusividade nos cuidados do culto está sendo declarada.

---

[116] Quanto aos escravos, ressalte-se o caso do escravo que houver constituído uma família com uma mulher que lhe tenha sido dada pelo seu senhor. Nesse caso, se o escravo com direito à liberdade o declarar expressamente, então ele permaneceria com sua família, mas passará a servir em permanência àquele senhor. Se recordarmos o relato bíblico sobre Jacó, servindo a Labão por sete anos, pela mão de Raquel, e depois mais sete anos, concluiremos que o Decálogo consagrava antigos costumes culturais dos clãs totêmicos, o que vem reforçar a nossa hipótese inicial, sobre o deus *adorado* por Abraão, em sua juventude.

[117] Outro ponto remarcável: Jeová interdita o uso de degraus nos acessos aos seus altares de holocausto, e dá as razões para tanto: para que os oficiantes não "exponham a sua nudez" ao acessarem aqueles locais. Essa recomendação mostra que os hebreus não envergavam outras roupas além do manto que os cobria. Ceroulas, cuecas e calças são peças de vestuário tardias, que aparecem durante a Idade Média.

HOMO CREATOR: PENSANDO UM MUNDO EMERGENTE — UMA HISTÓRIA

A leitura dos textos bíblicos nos mostra que Yahweh era um deus que exigia respeito irrestrito, e castigava mortalmente as ofensas que lhe fossem feitas. Não era um deus de amor. Porém, não seria, muito menos, um deus do ódio: fora criado como Ser espiritual, porém revestido por conceitos antropomórficos. nesse ponto em particular, lembremos: para a cultura judaica, pré-exílica, seria necessário que houvesse um exílio na Babilônia para que os sacerdotes e profetas de *Israel e Judá* viessem a conhecer a teologia de *Ahura Mazda* (os deuses do bem e do mal, dos persas) para que reconstruíssem, reinterpretando-os, o seu politeísmo, de onde sairia o Yahweh que hoje conhecemos.

VII-8 – Michelângelo: sempre surpreendente

Na figura 7.5, exibida em página anterior, reproduzimos um Moisés imaginado pleno de satisfações! Ele participara da "Aliança" que fora levado a vivenciar. Cumpria o que lhe fora exigido. Novamente, as "Leis" lhe tinham sido transmitidas. E lhe foram reafirmadas!

Inusitada alegria o dominava: eis que levara um povo a se organizar... minimamente, que fosse! Mas, após as conquistas das cidades da "Terra Prometida" (o que ele mesmo não veria), logo seria restabelecida a governança civil... mas, novamente, seriam vassalos! Esse último acontecimento seria constatado, indireta e arqueologicamente, em registro do ano de 1235 a.C. na estela do faraó Merneptá, na qual é declarado que esse faraó derrotara — e impusera tributos — ao povo "israeli", na Terra de Canaã. Estranha provação para um povo que fora conduzido pela sua própria divindade!

Lemos em Êxodo, 34:32 que, ao descer do Monte Sinai, trazendo as novas "Tábuas das Leis", Moisés apresentava-se com suas faces brilhando: miraculosamente, do seu rosto irradiavam-se raios de luz! Esse detalhe é descrito no "Livro dos Números" (Nm. 34:19-34), reforçando o caráter alegórico do relato no "Êxodo".

No correr do século16 de nossa era atual, Michelangelo Buonarroti fora contratado para representar aquele mítico condutor do povo israelita, criando uma estátua, de grande porte, que homenagearia o Papa Júlio II, em seu túmulo recente. A obra representaria Moisés naquele momento bíblico, ao descer do Monte Sinai, onde convivera, face a face, com a divindade — "durante quarenta dias e quarenta noites de jejum", segundo nos informava o mito bíblico.

Vivia-se, então, o ano de 1515, e a obra criada por Michelângelo foi uma singular peça em mármore de Carrara, com cerca de 2,2 m de altura. Reproduzimos um detalhe dessa obra na figura 7.6, a seguir.

Michelângelo se teria servido de uma edição da "Vulgata", aparecida após o século 16, porém anterior à edição vaticana de 1590, porquanto o seu "Moisés" é datado do ano de 1515 (o Papa Júlio II falecera em fevereiro de 1513). Na edição da "Vulgata" entregue ao escultor, para realizar a obra, havia um equívoco de tradução, o qual remontava à cópia traduzida por São Jerônimo, erro esse que só posteriormente seria corrigido. Tratava-se do vocábulo hebraico "Karan" o qual fora traduzido por "Keren", pelo tradutor, o então monge Jerônimo. O engano de tradução é explicado pelo fato de os textos hebraicos serem grafados sem as respectivas vogais: curiosamente, só as consoantes são, habitualmente, grafadas!

No caso presente, o tradutor colocou um "e" onde deveria ter colocado um "a". a palavra "Karan" significa "iluminação" ou "raios luminosos"; enquanto "Keren" significa "chifres", ou "cornos" de um caprino.

Resultou que Moisés foi representado comum belo par de cornos caprinos!

Figura 7.6 – MOISÉS. Mármore de Michelângelo, para o túmulo do Papa Júlio II, no Vaticano. Obra de 1515

Difícil será dizer: Michelângelo o fez expressamente, obediente à tradução bíblica incorreta? Ou — irreverente e questionador que era — decidira questionar as autoridades eclesiásticas, as quais lhe forneceram o documento basilar para aquela criação? Quem o saberia, se Michelângelo estava questionando a própria Bíblia, como "Palavra de Deus"?

De fato, ele já não a contestara na sua representação do "Adão, adormecido", no afresco do teto da Capela Sistina? Ali, ele não representara o seu "Adão", como um *Homo sapiens* moderno, fisicamente completo em sua evolução a partir dos hominídeos; e que, então, recebia da divindade o conteúdo intuitivo e inicial para o seu viver: a intuição para pensar a própria divindade?

Eventualmente, Michelângelo visaria ironizar alguma das autoridades eclesiais dentre os seus relacionamentos imediatos. Para aquelas autoridades, todavia, a correção de tal equívoco bíblico (a supressão dos chifres, no seu Moisés) naquela estátua seria tido como um descrédito nas palavras inspiradas da Bíblia. Embora não se tratasse de uma questão doutrinária, poderia ser invocada uma desautorização do escrito bíblico!

Esse pitoresco incidente nos remete às inúmeras inconsistências nas modernas traduções da Bíblia Hebraica, e do Novo Testamento, com as quais hoje nos demandamos: quão distanciadas dos textos hebraicos (ou gregos) essas traduções estarão?

Em tais condições, quanto mais distantes dos momentos culturais em que foram escritos aqueles textos, como manter a fidelidade aos pensares dos seus autores? Nesses conjuntos de documentos constituindo a Bíblia Hebraica e o Novo Testamento ainda estará presente a intencionalidade dos pensares dos seus autores? Sempre estará presente certa intencionalidade para o controle social sobre dadas comunidades... Porém, não deveria o leitor atual buscar naqueles escritos mais que exemplos de vida, estampados a partir de outras culturas, hoje tão distantes da nossa?

Não podemos esquecer que são textos compostos há mais de dois milênios passados. Portanto, sua intencionalidade terá se esgotado na superação natural do seu contexto histórico próprio. Contudo, permanece impositiva a força das tradições culturais que se agitaram em sua busca da evolução social...

Assim procedendo, o *Homo sapiens* continuará sendo um eficiente — e insubstituível — *Criador de humanidades*!

TÍTULO VIII

CONCLUSÕES

Ao longo dos sete capítulos anteriores, procuramos examinar a evolução dos pensares desenvolvidos pelos *Homo sapiens* constituindo a humanidade.

Destaquemo-lo, contudo: não nos ocupamos com os pensares constituindo as culturas orientais, excetuando aquelas desenvolvidas no Oriente Próximo, porque formadoras das culturas ocidentais.

Temos ressaltado os momentos de profundas inflexões culturais, no caminhar da humanidade, em particular as revoluções cognitiva e a agrícola. Nessa última, situamos o despertar das *forças produtivas*, despertando, também, o *Homo creator*. Mas, entre as sexta e quinta centúrias a.C., também em nível universal, ocorreram novas inflexões nos pensares deste, agora, *Homo creator*: na Ásia surgiam o Taoísmo e o Confucionismo; no subcontinente indiano, o Budismo e o Bramanismo; no Peloponeso, os grandes movimentos que criariam as literaturas e os pensares geradores da Filosofia, História e os germens do pensar científico moderno, com o qual iniciamos as explorações do Cosmos.

Por razões cujos desdobramentos não interessariam neste momento, não abordamos os pensares surgidos no continente asiático. Não quererá isso significar que eles seriam menos importantes na construção dos pensares modernos, porque, entre eles, situamos o Taoísmo — notável pensar explicando o mundo que, de forma singular e criativa, se definirá: "alternância provisória dos princípios fundamentais, contrários entre si, mas absolutamente necessários, e formadores do mundo sensível".

Percebemos, então, que o Taoísmo é, cintilante, complementar aos pensares sobre "causa e efeito", ao introduzir o critério de "contrários necessários e indispensáveis". Notemos que essa doutrina supera a necessidade intelectual para a criação de um deus "bom", opondo-se a outro, "mau", que se enfrentariam por séculos e séculos, em procederes escatológicos e míticos.

Foi, ainda, naquela sexta centúria a.C., que se consolidou, na Pérsia, o Zoroastrismo, com *Ahura Mazda* — o "deus bom" — opondo-se a *Aritmã* — o deus "mau". Essa dicotomia moral foi absorvida pelos fariseus da "golah" judaica, que com a reforma política de Ciro (O Grande) a introduziram em Judá, originando o cristianismo e sua escatologia, após a destruição de Jerusalém, no ano 70 d.C., pelo império romano.

Não devemos esquecer que o movimento dos pensares farisaicos, a partir do ano 70 d.C., gerando o cristianismo, foi a mais bem-sucedida linha de pensamento religioso, jamais ocorrido em nossa humanidade. E é forçoso concluirmos: embora sendo as religiões e seus deuses criações míticas do imaginário do *Homo creator*, são, também, indispensáveis recursos psíquicos para um sempre procurado equilíbrio mental das civilizações.

Nesse sentido, lembramo-nos do aforismo de Karl Marx:

A religião é o ópio do povo!

Entendemos que Karl Marx jamais pretendeu situar as religiões em nível de uma recreação; muito menos, ele pretendeu dizer que um estupefaciente fosse usado como enteógeno, ou com fins recreativos. Antes, ele teria pensado a religião (no caso presente, o cristianismo) como meio de controle social e apaziguamento da fome, em uma população operaria faminta, na Inglaterra dos primórdios da Revolução Industrial. Lembremos que, naquele momento histórico, o ópio (importado da China *manu militari* pelos ingleses) era empregado com aquele propósito de controle social.

Mas, no Brasil, não necessitamos de recorrer àquele símile, da Inglaterra. Relembremos que, nos anos 1937-1940, no Brasil em fase de industrialização, tal fenômeno também ocorreria: entre nós, não era o ópio o apaziguador da fome; usávamos a aguardente, ou o "conhaque de alcatrão"... Nem sempre pensamos as reformas trabalhistas de Getúlio Vargas sendo geradas em tal contexto, de total abuso do poder econômico!

CRÉDITOS DAS FIGURAS

Figura 2.1 – Adão e Eva e a expulsão do Paraíso: o mito sobre a criação do patriarcado (imagem de domínio público; internet).

Figura 2.2 – A "Vênus" de Laussel, França, 25° milênio a.C. (Arte nos Séculos, 1969, p. 36).

Figura 2.3 – A "Vênus" de Willendorf, França, 25° milênio a.C. (Arte nos Séculos, 1969, p. 13, vol. I).

Figura 2.4 – A "Vênus" de Brasempouy, França, 25° milênio a.C. (GOULLET,2007, p. 120).

Figura 3.1 – Bisão, Caverna de Altamira, Montes Cantábricos, Espanha, data provável: 20° milênio a.C. (BAZIN, 1961, p. 15).

Figura 3.2 – A vaca negra, Caverna da Lascaux, França, data provável: 20° milênio a.C. (DELLUC, 1984, p. 19).

Figura 3.3 – Cavalo chinês, Caverna de Lascaux, sudoeste da França, data provável: 20° milênio a.C. (DELLUC, 1984, p. 19).

Figura 3.4 – O cavalo negro, Caverna de Lascaux, França, data provável: 20° milênio a.C. (DELLUC, 1984, p. 19).

Figura 3.5 – Tocheiro lavrado em pedra, caverna de Lascaux, sudoeste da França, data provável: 20° milênio a.C. (DELLUC, 1984, p. 78).

Figura 3.6 – Signos rupestres, Caverna de Lascaux, sudoeste da França, data provável: 20° milênio a.C. (DELLUC, 1984, p. 73).

Figura 3.7 – Homem com dardo, sudeste da África, data provável: 6° milênio a.C. (CAMPBELL, 1992, p. 310).

Figura 3.8 – Cena de três mulheres, sudeste da África, data provável: 6° milênio a.C. (CAMPBELL, 1992, p. 310).

Figura 3.9 – A "Senhora Branca", Rodésia, África, 6° milênio a.C. (CAMPBELL, 1992, p. 311).

Figura 3.10 – Caça com uso de cão, Hüyuk, Turquia (GOULLET, 2007, p. 157).

Figura 3.11 – Cena de luta de arqueiros, Rodésia, África, $7°/6°$ milênio a.C. (PI-SCHELL, 1966, p. 14).

Figura 3.12 – O "Feiticeiro de Trois-Frères", Caverna de Trois-Frères, Sudoeste da França (CAMPBELL, 1992, p. 254).

Figura 4.1 – Afresco de Michelângelo, na Capela Sistina, Vaticano, tema bíblico sobre a "Criação de Adão" (que preferimos entender como "A Revolução Cognitiva") (SANTOS, 1990, p. 89-92).

Figura 4.2 – Uma discutível alegoria religiosa sobre a evolução antrópica; reprodução de folheto com uma finalidade catequética; produzido por uma denominação cristã, protestante (provavelmente, adventista) (autoria ignorada; folheto recebido durante a década de 1990).

Figura 4.3 – Totem; registro fotográfico no século 20, de totem da cultura neolítica; em tribo indígena do estado do Arizona (EUA) (autor desconhecido; imagem de domínio público; internet).

Figura 5.1 – Nuvem sideral de poeiras estelares: representação alegórica do caos inicial da criação; fotografia real, tomada pelo telescópio espacial Hubble; no correr do ano de 2021 (fotografia cedida pela NASA, EUA; internet).

Figura 5.2 – Pintura alegórica, buscando representar o "Mundo Sagrado" (de Gaia e Urano) por meio da representação do mundo profano (origem: 3021: Google Allegory untitled; domínio público).

Figura 6.1 – Templo na Babilônia; um monarca homenageando Enli, o "deus do Vento"; data provável: 2 a.C. (fonte: Google Allegorics).

Figura 6.2 – Ainda na Babilônia, o mesmo deus do vento, Enli, agora representado com a fisionomia do monarca, indicando o uso do caráter religioso como instrumento de controle social; data provável: 3000 a.C. (origem: Google Pictures).

Figura 6.3 – Exemplo do uso da religiosidade como controle social: mosaico da Igreja de Santa Sofia, em Istambul (Turquia); na figura, se vê o Cristo da fé cristã, ladeado pelos Imperadores Constantino e Teodora; identifica-se, dessa forma, a sanção da divindade ao poder imperial; data provável: 3°/4° séculos d.C.

Figura 6.4 – A Torre de Babel: um zigurate elevado, construído em alvenaria de tijolos requeimados; na Babilônia muito antiga, pós-neolítica; o zigurate, originariamente construído para observação hermenêutica dos céus, foi transformado em santuário do deus Marduk, quando visitado por Heródoto (século 5° a.C.) (origem: Google Pictures).

Figura 6.5 – Estruturas monumentais no Egito dos faraós: as pirâmides tumulares e a esfinge, figura zoomórfica, com a efígie do faraó Quéfren, que seria o condutor dos mortos ao julgamento pelos deuses menores, sob a presidência de Amon-Rá (foto de 2021; extraída de Google Pictures).

Figura 6.6 – Pintura de um recanto doméstico aprazível, reprodução fotográfica de pintura tumular de um dignitário egípcio; percebe-se pela foto que já dispunham de tecnologias para a clarificação das águas de um lago decorativo; data provável: XIX dinastia (origem: Google Pictures).

Figura 6.7 – Representação pictórica de uma deusa dos ventos, que conduzirá os mortos ao tribunal de Amon-Rá, onde, sob sua presidência, os deuses menores do panteão julgarão os mortos, pelo peso do seu coração (origem: Google Pictures 3031).

Figura 6.8 – Panteão dos deuses menores, julgando um morto, a partir do peso do seu coração; alegoria em tumba egípcia da XIII dinastia (Google Pictures).

Figura 6.9 – Frisa em templo da cidade de Uruk (povos indo-europeus) reverenciando o deus Aun (deus de evidente origem uraniana); data provável: século 7º a.C. (fonte: Google Pictures).

Figura 7.1 – Foto idealizada de Abraão como personagem mítica; Abraão teria sido o "pai-fundador" do povo árabe abraâmita, chegado à Terra de Canaã lá pelo século 18 a.C.; há memórias dessa personalidade mítica entre os povos pré-árabes do Sul da Terra de Canaã (fonte: Google Pictures).

Figura 7.2 – O "Crescente Fértil"; a trajetória de antigas migrações entre a "Ur dos Caldeus" e o Egito, contornando os desertos centrais da Mesopotâmia (fonte: https://www.infoescola.com).

Figura 7.3 – A Terra da Promissão e o Vale do Rio Jordão, Israel, na Terra de Canaã (fonte: https://www.churchofjesuschrist.org).

Figura 7.4 – O episódio da travessia pelo Mar Vermelho: uma hipótese plausível (fonte: https://bibliaportugues.com).

Figura 7.5 – Moisés e as novas "Tábuas da Lei"; Moisés portando as "Tábuas da Lei", o Decálogo (fonte: https://www.biblegateway.com).

Figura 7.6 – Michelângelo nos surpreende; Michelângelo representa Moisés com cornos de bode (fonte: Google Pictures).

REFERÊNCIAS

ARTE NOS SÉCULOS. *Volume I. Da Pré-História ao Classicismo.* São Paulo: Editora Victor Civita, 1969.

BAZIN, Germain. *Historia del Arte.* Barcelona: Editorial Ômega, 1961.

BÍBLIA SAGRADA (versão traduzida do hebraico e do grego, pelos monges Beneditinos de Maredsous, Bélgica). São Paulo: Editora "Ave Maria", 1985.

BRANCO, Perácio de Moraes. *Breve História da Terra.* serviço Geológico do Brasil. CPRM. 2015. Disponível em: www.cprm.gov.br/publique/. Acesso em: 2021.

BRODERICK, Alan Hougthon. *El Hombre Prehistorico.* 3ª reimpressão. México: Fondo de Cultura Economica, 1984.

BROOM, Robert. *Finding the Missing Link.* Londres: Watts & Co., 1950.

CAMPBELL, Joseph. *As máscaras de Deus.* São Paulo: Editora Palas Athena, 1992.

DELLUC, Brigitte et Gilles. *La caverne Peinte & Gravée de Lascaux.* Périgueux: Éditions Du Périgord Noir, 1984.

DIAKOV, V.; **KOVALEV**, S. (diretores). *História da Antiguidade.* 3 v.: A Sociedade Primitiva, O Oriente, Grécia e Roma. 3. ed. Lisboa: Editorial Estampa, 1976.

DURKHEIM, Émile. *As formas elementares da vida religiosa*: o totemismo na Austrália. São Paulo: Paulus, 2017.

ELIADE, Mircéa. *O sagrado e o profano*: a essência das religiões. São Paulo: Martins Fontes, 1991.

FERRY, Luc. *A sabedoria dos mitos gregos*: aprender a viver II. Rio de Janeiro: Objetiva, 2012.

FINKELSTEIN, Israel; **ROMMER**, Thomas. *As origens da Torá*: novas descobertas arqueológicas, novas perspectivas. Petrópolis: Editora Vozes, 2022.

GOWLETT, John. *Arqueologia das primeiras culturas.* Barcelona: Edic. Folio, 2007.

GUIMARÃES, Djalma. *Geologia Estratigráfica e Econômica do Brasil.* Belo Horizonte: Edição do Autor, 1958.

HARARI, Yuval Noah. *sapiens*: uma breve história da humanidade. 23. ed. Porto Alegre: LP&M, 2017.

HUIZINGA, Johan. *Homo Ludens*: o jogo como elemento da cultura. 6. ed. São Paulo: Perspectiva, 2010.

HESÍODO. *Theogonia*: a origem dos deuses. Lisboa: Iluminuras, 1985.

ISRAEL, Finkelstein; **SILBERMAN**, Neil Asher. A *Bíblia desenterrada*. Petrópolis: Vozes, 2018.

JUSTAMAND, Michel. *As pinturas rupestres e a cultura*: uma integração fundamental. São Paulo: Alexa Cultural, 2006.

JUSTAMAND, Michel. *As pinturas rupestres no Brasil*: uma pequena contribuição. São Paulo: Alexa Cultural, 2007.

KROGH, Claus Fentz. *From Abraham to Joseph*: the reality of the historical patriarchal age. *In*: http://www.genesispatriarchs.dk/patriarchs/abraham/abraham eng.htm.

LEROI-GOURHAN, André. *Les religions de la préhistoire*. 5 ed. Paris: Quadrige--Presses Universitaires de France, 1986.

LEROI-GOURHAN, André *et al*. *Pré-História*. São Paulo: Editora da USP, 1981.

LEROI-GOURHAN, André. *O Gesto e a Palavra*. v. 2. Memória e ritmos. Lisboa: editora 70, 1965.

LIVERANI, Mario. *Para além da Bíblia*: história antiga de Israel. São Paulo: Edições Loyola, 2008.

LOPES, Renato Pereira *et al*. *Ossos de Mamíferos da Era do Gelo nas Barrancas do Arroio Chuí*. CPRM-Brasil-Sítios Geológicos e Paleontológicos do Brasil. 2008.

MENESES, Paulo. *O homem primitivo e a natureza*. Universidade Católica de Pernambuco: conferência proferida por ocasião da "Semana Ecológica": abril, 1979.

MONTEIRO, Paula. *Magia e Pensamento mágico*. São Paulo: Editora Ática, 1986.

NEUMANN, Erich. *História da Origem da Consciência*. 10 ed. São Paulo: Cultrix, 1995.

PISCHEL, Gina. *História Universal da Arte*. v. I. São Paulo: Cia. Melhoramentos, 1966.

RIBEIRO, Osvaldo Luís. *Homo Faber*: o contexto da criação em Gênesis 1, 1-3. 1. ed. Rio de Janeiro: Ed. Mauad X, 2005.

ROMER, John. *Testamento*: os textos sagrados através da História. São Paulo: Melhoramentos, 1991.

SANTOS, Maria das Graças Vieira Proença dos. *História da Arte*. 2. ed. São Paulo: Ed. Ática, 1990.

SANTOS, Theotônio dos. *Forças produtivas e relações de produção*. Ensaio introdutório. Petrópolis: Vozes, 1984.

STADEN, Hans. *Primeiros registros escritos e ilustrados sobre o Brasil e seus habitantes*. São Paulo: Editora Terceiro Nome, 1999.

TEILHARD DE CHARDIN, Pierre, Pe. *Le Phénomène Humain*. Paris: Éditions du Seuil, 1955.

TEILHARD DE CHARDIN, Pierre, Pe. *L'Apparition de l'Homme*. Paris: Éditions du Seuil, 1955.

VIEIRA, Eurípedes Falcão. Certezas e incertezas na evolução do pensamento. *Cadernos EBAPE-FGV*, Rio de Janeiro, v. 6, n. 4, dez. 2008.